PIERRE DE NOLHAC

LOUIS XV

ET

MADAME DE POMPADOUR

D'APRÈS DES DOCUMENTS INÉDITS

PARIS
CALMANN-LÉVY, ÉDITEURS
3, RUE AUBER, 3

ÉTUDES SUR LA COUR DE FRANCE

LOUIS XV

ET

MADAME DE POMPADOUR

DU MÊME AUTEUR

ÉTUDES SUR LA COUR DE FRANCE :

— LOUIS XV ET MARIE LECZINSKA . . . . . . 1 vol.

— LOUIS XV ET MADAME DE POMPADOUR . . . . 1 —

— MARIE-ANTOINETTE DAUPHINE. . . . . 1 —

— LA REINE MARIE-ANTOINETTE . . . . 1 —

LA CRÉATION DE VERSAILLES. . . . . 1 —

LE CHATEAU DE VERSAILLES SOUS LOUIS XV . . 1 —

TABLEAUX DE PARIS PENDANT LA RÉVOLUTION. 1 —

PÉTRARQUE ET L'HUMANISME. . . . . 1 —

ÉRASME EN ITALIE . . . . 1 —

LES CORRESPONDANTS D'ALDE MANUCE. . . . . 1 —

LA BIBLIOTHÈQUE DE FULVIO ORSINI. . . . . . 1 —

LETTRES DE JOACHIM DU BELLAY . . . . 1 —

PAYSAGES DE FRANCE ET D'ITALIE. . . . . . . 1 —

IMPRIMERIE CHAIX, RUE BERGÈRE, 20, PARIS. — 22800-11-03. (Encre Lorilleux).

ÉTUDES SUR LA COUR DE FRANCE

LOUIS XV
ET
MADAME DE POMPADOUR

D'APRÈS DES DOCUMENTS INÉDITS

PAR

PIERRE DE NOLHAC

PARIS
CALMANN-LÉVY, ÉDITEURS
3, RUE AUBER, 3

1904

LOUIS XV
ET
MADAME DE POMPADOUR
1745-1752

CHAPITRE PREMIER

MADAME LE NORMANT D'ÉTIOLES

Versailles ne fut jamais plus animé, et pour une fête plus brillante, que le soir du 25 février 1745. C'était la dernière des grandes réjouissances de la Cour en l'honneur du mariage du Dauphin avec l'Infante d'Espagne. La tradition voulait que le roi de France conviât le plus grand nombre de ses sujets à célébrer avec lui cet heureux événement. Comme les jours précédents, le Château était illuminé sur les façades du côté des cours ; par le froid sec de cette nuit d'hiver, les compagnies, qu'amenaient tous les carrosses de la capitale, apercevaient de loin ces lignes de lumière qui montaient vers le ciel et semblaient dessiner un palais de fées.

Vers le milieu de la nuit, l'affluence redoubla. Le grand appartement et le jeu de la Reine, commencé à six heures dans la Galerie des Glaces, avaient pris fin à neuf heures, pour laisser le Roi et la Reine manger à leur grand couvert. A minuit devait s'ouvrir le bal masqué. Un nouveau public entrait alors : c'était Paris qui arrivait pour avoir sa part des réjouissances royales. Deux files de carrosses avançaient lentement dans l'avant-cour. Les masques mettaient pied à terre à l'escalier de marbre et à la cour de la Chapelle, et pénétraient des deux côtés dans les appartements. Aucun billet n'était exigé : dans chaque société une personne se démasquait ; l'huissier prenait son nom et comptait ceux qui entraient avec elle. Comme on donnait le nom que l'on voulait, une formalité aussi simple n'avait rien de sévère, et même le flux des arrivants la rendit bientôt impossible. Les barrières de chêne furent forcées; tout le monde passa librement, se dirigeant, à travers les antichambres et les salons remplis de danses, d'orchestres et de buffets, vers la Grande Galerie, qui était le centre de la fête.

Cette cohue, que décrivent les Mémoires,

se transforme, dans la célèbre estampe des Cochin, en une élégante foule, qui circule aisément parmi le décor magnifique. La Galerie ruisselle de lumières : lustres, torchères et girandoles se multiplient dans les glaces. Sous le plafond pompeux de Le Brun s'anime la mascarade : Arlequins et Colombines, Turcs, Arméniens, Chinois, médecins à haute perruque, sauvages emplumés, pèlerins et pèlerines, bergers, magiciens, diables et folies. Les dames, placées sur les gradins, prennent des rafraîchissements offerts par les pages. Un groupe dans un coin, sur le parquet, boit et mange ; il est là pour rappeler que cinq à six cents masques, assis par terre dans les salons voisins, se gobergèrent aux frais du Roi de victuailles pillées aux buffets.

Qu'il y eût beaucoup de bourgeoisie, et de la plus mince, la princesse de Conti n'en saurait douter : elle ne trouve pas une place à prendre ; un masque lui refuse la sienne et, quand elle se découvre, voyant qu'on ne la reconnaît pas : « Il faut, dit-elle, qu'on soit ici de bien mauvaise compagnie. » Il n'est pourtant pas que des manants sous les déguisements de cette nuit. Quelqu'un qui s'assied fort près de la Reine et qui passe inaperçu, est un fils de roi, le prétendant Charles-Édouard, qui mettra l'Angleterre en feu l'année suivante. Si tous les dominos tombaient, on percerait bien d'autres mystères.

Une porte de glaces s'est ouverte et la foule s'écarte devant des personnages non masqués qui s'avancent entourés de curiosités et d'hommages. La Reine, posant la main sur le bras de son chevalier d'honneur, précède le Dauphin, costumé en jardinier, qui tient le bout des doigts de la Dauphine, travestie en bouquetière. Derrière eux sont le duc et la duchesse de Chartres, qui danseront dans leur quadrille. Le graveur a marqué nettement tous ces portraits princiers, qu'il est aisé de reconnaître.

Seul Louis XV semble manquer à la fête. Mais voici qu'une singulière compagnie vient de sortir de l'appartement royal : ce sont des ifs taillés dans le goût de ceux des jardins. Le Roi est l'un de ces huit masques, sans doute celui qu'entourent d'aimables jeunes femmes intriguées par le secret à demi connu et par la difficulté de le découvrir complètement. Une comédie se joue dans ce coin du bal, comédie plus sérieuse qu'il ne semble, car les conséquences de cette soirée seront considérables pour la monarchie.

Sur tant de femmes de finance ou de magistrature, ou simples bourgeoises de Paris, venues étaler à la Cour leurs grâces inédites et le goût de leurs ajustements, et qui se démasquent à l'envi, combient rêvent de rencontrer le Roi et de fixer son caprice! Un témoin nous le raconte : toutes les beautés de la Ville se sont rassemblées ce jour-là pour conquérir ce jeune souverain couvert de gloire, dont le cœur est libre et qui est le plus bel homme de son royaume. « La foule des prétendantes est infinie », dit l'abbé de Bernis, qui voit leurs manèges et qui connaît la plupart d'entre elles. Il mentionne même le succès d'une jeune fille extrêmement belle, dont les parents sont de ses amis; un chroniqueur plus indiscret cite une présidente libertine, évidemment madame Portail, qui se laisse emmener dans les petits appartements par un if qu'elle a pris pour le Roi.

Cette hardiesse des bourgeoises, ce soir-là, s'explique à merveille : c'est une occasion rare d'approcher Louis XV. Les femmes de cour ne manquent point, qui aspirent à l'honneur de faire oublier au maître madame de Châteauroux. Tout le monde nomme la dernière des sœurs de Nesle, la duchesse de Lauraguais, qui se croit sûre de réussir, ayant su plaire, à défaut de beauté, par son caquet et son entrain. On connaît moins les manœuvres de la belle princesse de Rohan, qui sacrifie le repos de sa vie et l'attachement le plus tendre à ce rêve qui la dévore. Mais des facilités presque quotidiennes de parler au Roi se présentent aux femmes de leur rang, tandis qu'aux Vénus et aux Junons de la Capitale, le moment est unique pour attirer son regard. Celle qui doit l'emporter sur toutes, a paru au bal de Versailles, dans l'éclat d'une beauté jeune et audacieuse. Elle n'est pas absente de la composition où les Cochin, père et fils, ont fixé, pour la curiosité de l'avenir, les épisodes de la fête. La jeune femme de profil, qu'on voit au milieu de la compagnie du Roi, causant avec un if mystérieux, n'est autre que madame Le Normant d'Étioles.

Si madame Le Normant d'Étioles, née Poisson, ne fût point entrée à ce moment dans la vie de Louis XV, le règne aurait pris sans doute une tout autre orientation. La politique se serait trouvée différente dans les questions financières, dans les difficultés religieuses, et, peut-être aussi, dans les relations diplomatiques. A la date où l'on arrivait et qui devait compter dans l'histoire de la royauté française, il n'était point sans intérêt qu'une femme, supérieure par son intelligence et habile à s'en servir, s'emparât à nouveau d'un roi absolu, plus maître de son royaume et plus jaloux de son pouvoir que n'avait été Louis XIV lui-même.

Cette puissance presque sans limites du roi de France d'alors dépendait des caprices d'une âme inquiète et fuyante, que l'ennui rongeait plus que la débauche, mais dont la volonté pouvait sombrer dans les passions basses. Quoiqu'il semblât s'abandonner aux ministres pour certains détails du gouvernement, et qu'il parût aisé à prendre par les voies du plaisir, il était difficile d'obtenir sur lui une domination quelconque et d'arriver à la conserver longtemps. Toute autre femme que madame d'Étioles y eût échoué sans doute. Si la morale flétrit son triomphe et si l'histoire en blâme les conséquences, on lui doit du moins cette justice qu'elle a réussi une œuvre compliquée et presque impossible.

Quelle que dût être la favorite de demain, chacun sentait, parmi ceux que n'aveuglait pas l'intérêt trop direct ou l'esprit de caste, que le rôle d'une duchesse de Châteauroux, appuyée sur sa naissance et sur son orgueil, ne serait plus tenu par personne. Le temps des grandes dames était passé ; les fantaisies royales allaient s'adresser à la classe que représentait madame d'Étioles ; cela semblait inévitable et tout l'annonçait.

Louis XV montre un besoin de changement auquel ses familiers ne se trompent pas. A trente-cinq ans, après les expériences qu'il a faites durant son singulier attachement aux trois sœurs de Nesle, il devine trop bien les calculs de la Cour et les pièges tendus à son cœur. Le goût lui est venu de joindre au plaisir la connaissance de mœurs autres que celles qui l'entourent, de passions qu'il croit moins mêlées de cupidité, et qu'il s'imagine plus sincères. Il est renseigné sur les femmes de Paris par la chronique scandaleuse que lui apportent, chaque matin, ses valets de chambre, par le secret des postes, qu'on viole quelquefois pour le distraire ; et ce qu'il a appris d'elles lui a donné l'envie de voir de plus près cette catégorie de ses sujettes. Son mentor dans l'inconduite. M. de Richelieu, qui exerce ses ravages sur toutes sortes de cœurs et ne dédaigne point la roture, lui a fait sur ce point les confidences les plus instructives. Y a-t-il une passion plus vraie dans sa violence, plus intéressante dans sa folie, pour un égoïste curieux de sensations rares, que celle dont se meurt, à cause de Richelieu, madame de la Popelinière? On devine, entre les deux hommes inégalement blasés, mais également étrangers à l'amour véritable, des conversations destinées à porter bientôt leurs conséquences.

Peut-être entre-t-il, dans la résolution du Roi, une sorte d'égards nouveaux pour la Reine, tant de fois déjà blessée cruellement. Louis XV peut s'imaginer alors qu'il la ménagera davantage. Il sait quelles humiliations elle a souffertes à voir choisir ses rivales parmi les dames de son palais, celles dont il lui fallait tous les jours, d'après l'étiquette, subir la présence et les hommages. Comment, d'autre part, ne point penser à des filles qui grandissent, au Dauphin, qui se marie à cette heure et déjà condamne ouvertement, par tendre amour pour sa mère et au nom de son éducation chrétienne, la conduite paternelle? Ces considérations, pour vulgaires qu'elles apparaissent et démodées parmi les mœurs du siècle, pèsent encore de quelque poids. Les incidents survenus à Metz, autour du Roi malade, ont montré la force conservée par les principes qui sauvegardent la famille. Le mépris manifesté contre madame de Châteauroux, l'appui que le parti dévot, comme on l'appelle, a trouvé dans l'opinion publique, font connaître à Louis XV qu'il doit compter avec la moralité de la nation et qu'elle ne tolère pas aisément certains excès de scandale[1]. S'il lui est impossible de revenir à la Reine, il peut veiller du moins à ce que son adultère ne s'affiche plus. Ce beau nom de *Louis le Bien-Aimé*, que son peuple lui a donné pendant sa maladie dangereuse, ne lui sera conservé qu'à ce prix.

Même s'il était indifférent à tant de choses, le roi Louis XV ne le serait point à sa tranquillité personnelle. Les tracasseries le troublent et l'irritent. Ce n'est pas de sa famille, de ses prêtres, ni même de l'opinion, que lui

1. Le récit des événements de 1744, qui préparent ceux qu'on raconte ici, se trouve dans un ouvrage précédent : *Louis XV et Marie Leczinska.*

viennent celles qu'il ressent davantage. Elles sortent de la situation équivoque où le mettent les choix qu'il a faits jusqu'à présent. Une maîtresse prise à la Cour et déclarée, comme elles veulent l'être toutes, amène mille difficultés. L'intrigue de gouvernement menace sans cesse d'exploiter la passion royale; celle-ci se complique, aussi bien dans la vie quotidienne qu'aux heures inévitables de la rupture, des intérêts qui s'y trouvent engagés et qui parfois touchent de près le trône.

Le Roi ne veut donc plus des femmes de naissance; il les trouve orgueilleuses, avides ou dominatrices; il est dégoûté des inconvénients politiques qu'elles entraînent. Ces dispositions nouvelles sont de bruit public, et le Tiers-État s'en estime honoré. On se risque à espérer l'étrange fortune. Toutes les bourgeoises, que ne retient ni leur miroir ni leur conscience, s'imaginent avoir des chances de conquête. Ainsi s'explique la surexcitation ambitieuse qui a tourné autour de Louis XV, pendant le bal masqué du mariage du Dauphin.

Cette nuit de Versailles resta connue des contemporains bien informés, comme celle où fut jeté le mouchoir royal dans la libre folie de la mascarade. Bernis dit expressément qu'elle vit s'ébaucher l'aventure de madame d'Etioles, et Voltaire y faisait allusion lorsqu'il adressait à la jeune femme ce madrigal qu'on n'a jamais compris et par lequel il saluait le premier sa faveur naissante :

Quand César, ce héros charmant
De qui Rome était idolâtre,
Battait le Belge ou l'Allemand,
On en faisait son compliment
A la divine Cléopâtre.
Ce héros des amants ainsi que des guerriers
Unissait le myrte aux lauriers ;
Mais *l'if* est aujourd'hui l'arbre que je révère,
Et, *depuis quelque temps*, j'en fais bien plus de cas
Que des lauriers sanglants du fier dieu des combats
Et que des myrtes de Cythère.

Les chroniqueurs modernes ont trouvé plus piquant, sur des témoignages d'autorité moindre, de transporter ces origines au bal masqué de l'Hôtel de Ville, où le Roi se rendit quelques jours après. Nous pouvons d'ailleurs reconstituer, avec une exactitude entière, ce qui se passa durant cette seconde nuit. Rien ne renseignera mieux sur les habitudes de l'époque et ne permettra un meilleur coup d'œil sur les commencements réels de la liaison du Roi, peut-être plus mystérieux qu'on ne l'a pensé.

C'était une fête vraiment célébrée par la nation tout entière, que ce mariage du Dauphin qui achevait de sceller l'alliance, si compromise au moment des secondes fiançailles de Louis XV, entre les deux branches de la maison de Bourbon. Plus encore que le mariage, contracté cinq ans plus tôt par la fille aînée du Roi avec l'Infant don Philippe, l'union nouvelle fut l'occasion de cérémonies et de réjouissances exceptionnelles. La Cour, selon l'usage, en avait commencé la série. On avait eu, à Versailles, avant la soirée du bal masqué, un magnifique bal paré qu'a dessiné Cochin et où la Dauphine montra, au menuet, ses grâces espagnoles; il fut dansé dans la somptueuse salle du Manège, décorée par les Slodtz en 1737 et qui servait, en attendant la construction d'un Opéra, à toutes les fêtes données par le Roi. Le jour même des noces, dans ce beau lieu transformé en salle de spectacle et garnie de loges fleuries, avait été représenté un ballet de circonstance, *la Princesse de Navarre*, œuvre allégorique de Voltaire et de Rameau, où l'apothéose finale s'achevait par l'abaissement et la disparition du décor des monts Pyrénées, remplacés sur la scène par un Temple de l'Amour.

Puisque réellement, suivant le mot prêté à Louis XIV, il n'y avait plus de Pyrénées et que la sécurité nationale, établie déjà par la première campagne de Maurice de Saxe, était garantie par une alliance inaltérable, on pouvait se réjouir en toute confiance. Aucune circonstance d'un règne, sous quelque roi que ce fût (et le régnant n'était-il pas Louis le Bien-Aimé?), ne se trouvait plus populaire en France que le mariage du Dauphin, qui assurait l'hérédité et la transmission paisible de la couronne. Enfin, dans le cas actuel, l'Infante Marie-Raphaelle, qu'on disait d'heureux caractère et fort désirée du jeune époux, inspirait des sentiments très vifs à la galanterie de la nation.

A chaque occasion aussi solennelle, la Ville de Paris renouvelait ingénieusement le motif général des fêtes qu'elle donnait. L'imagination de ses artistes et le goût naturel de ses habitants faisaient naître une idée d'ensemble, toujours heureusement conçue, et qui, ne se répétant jamais, fixait dans la mémoire du peuple les dates et les événements. Les fêtes de 1745 furent caractérisées par une œuvre d'architecture éphémère, qu'on n'avait point essayée encore : il y eut sept salles de bal élevées sur les principales places de Paris, au nom du Prévôt des marchands, et dont la décoration, élégante et variée, charmait les yeux. On courait la ville tout le jour, pour voir l'arc de triomphe qui servait d'entrée à la salle de la place Dauphine, les deux galeries de treillage de la place Louis-le-Grand (Vendôme), la longue galerie peinte de paysages faite au Carrousel, la décoration de pampres de la rue de Sèvres, les pilastres de marbre de la place de la Bastille. Partout, dans un arrangement différent, apparaissaient les écussons de France et d'Espagne, les médaillons de la famille royale, et les grandes figures allégoriques qu'on aimait alors. La nuit, les salles étaient illuminées ; on y faisait des distributions de vin et de viandes, et des rondes joyeuses s'organisaient entre gens du quartier, auxquels se mêlaient en passant les masques du Carnaval.

Tandis que le menu peuple se trémoussait sur les planchers accommodés à son usage, s'apprêtait, à l'Hôtel de Ville, le bal masqué qui devait rivaliser avec le bal de la Cour. On supposait que le Roi y viendrait, mais incognito, le Dauphin seul devant y paraître pour remercier ces messieurs de la Ville de la joie témoignée pour son mariage. C'était la nuit du dimanche gras. Le Prévôt des marchands avait fait ajouter à la grande salle une deuxième, construite dans la cour, d'une architecture de dorures et de glaces et dont le plafond atteignait la hauteur des toits. Sur cette cour donnait l'appartement préparé pour le Dauphin.

Après avoir regardé danser et attendu vainement le Roi, le jeune prince descendit un instant dans la fête, en domino sans masque, et les vingt-quatre gardes du corps qui l'accompagnaient eurent beaucoup de peine à lui frayer un passage vers son carrosse. L'avocat Barbier raconte, avec mauvaise humeur, les incidents de cette nuit : « Il y a eu une foule et une confusion de monde terribles. On ne pouvait descendre ni monter les escaliers. On se portait dans les salles ; on s'y étouffait, on se trouvait mal. Il y avait six buffets mal garnis ou mal ordonnés ; les rafraîchissements ont manqué dès trois heures après minuit. Il n'y a qu'une voix dans Paris pour le mécontentement de ce bal ; il faut qu'il ait été donné non seulement des billets sans nombre, mais à toutes sortes de gens sans mesure, et sans doute à tous les ouvriers et fournisseurs de la Ville, car il y avait nombre de chianlis. »

A Versailles, vers onze heures, le Roi sortait de chez lui en domino noir, avec le duc d'Ayen et quelques familiers, et allait, pour son petit écu, au bal public voisin du Château. Il s'agissait d'occuper le temps jusqu'au moment où l'on pourrait supposer que le Dauphin quitterait Paris, afin de ne point s'y trouver avec lui et de mieux assurer l'incognito. Une heure après minuit, le Roi et sa compagnie se mettent en carrosse. A Sèvres, on rencontre le Dauphin et l'escorte ; il monte un instant auprès de son père et lui rapporte le désordre qui règne au bal de la Ville. Le Roi décide de ne point s'y rendre tout d'abord et va à l'Opéra, où le bal a lieu par entrées payantes : il y voit des sociétés choisies et danse deux contredanses sans être reconnu. Pour plus de sûreté, la voiture de la Cour vient d'être congédiée et la compagnie est en fiacres. Enfin, le Roi entre à l'Hôtel de Ville, où il s'est ménagé probablement plusieurs rendez-vous, et notamment de la belle jeune fille remarquée au bal de Versailles. On la cherche vainement, et avis est donné qu'elle ne viendra point : elle a averti ses parents, et ceux-ci, bien qu'éblouis un instant, se refusent à la fantaisie de Sa Majesté. Cette nuit même, de grands seigneurs de la suite du Roi courent chez eux, voient la mère, supplient, menacent; rien ne décide ces honnêtes gens à livrer leur enfant.

Le Roi peut aisément se consoler de son dépit : madame d'Étioles est dans le bal et l'attend. Ils vont être vus ensemble par un jeune colonel, qui a conduit à la fête une femme de la Cour et qui raconte : « La foule était si pressée que la dame avec qui j'étais, craignant d'être étouffée, demanda secours au prévôt des marchands, M. de Bernage ; il nous mena dans un cabinet où, à peine entré, je vis arriver madame d'Étioles, avec qui j'avais soupé quelques jours auparavant ; elle était en domino noir, mais dans le plus grand désordre, parce qu'elle avait été poussée et repoussée comme tant d'autres par la foule. Un instant après, deux masques, aussi en domino noir, traversèrent le même cabinet ; je reconnus l'un à sa taille, l'autre à sa voix ; c'étaient M. d' [Ayen] et le Roi. madame d'Étioles les suivit et fut à Versailles. » Notre témoin, par ces derniers mots, va trop vite en besogne; la nuit s'est terminée tout autrement et de façon peut-être plus piquante : le Roi a sollicité l'honneur de reconduire madame d'Étioles chez sa mère.

On monte en fiacre avec le duc d'Ayen. Comme tout Paris veille et festoie jusqu'à l'aurore, les rues sont pleines de monde, gardées, obstruées; il y a loin de la place de Grève à la rue Croix-des-Petits-Champs; à un carrefour, devant les sergents qui s'opposent au passage, le cocher refuse d'avancer. La dame s'effraie; le Roi s'impatiente : « Donnez un louis », dit-il au duc; mais celui-ci : « Votre Majesté doit s'en garder; la police sera instruite, fera ses recherches et saura demain où nous sommes allés. » Pour un simple écu de six livres, le cocher enlève ses chevaux, fend la foule, et le roi de France, tout fier de cette équipée, peut, sans autre encombre, amener sa compagne à la porte de son logis.

Il est rentré à Versailles à huit heures et demie. « En arrivant, il a mis une redingote et a été tout de suite entendre la messe à la chapelle. Il n'y avait ni chapelains ni gardes du corps; tout a été averti le plus promptement qu'il a été possible. » Cette messe du matin, en de tels retours, scandalise les âmes pieuses; mais Louis XV croit la devoir au bon exemple. Après l'avoir entendue tant bien que mal, il s'est couché et a donné l'ordre qu'on n'entrât qu'à cinq heures. Rien n'a été changé à l'étiquette du lever. La Reine, qu'attendaient ses carrosses pour la conduire au salut de la paroisse, est venue dans la chambre du Roi, dès qu'il a été éveillé; le Dauphin et la Dauphine y ont paru un peu plus tard. Suivant l'expression de la Cour, « il ne fut jour qu'à cinq heures chez le Roi ».

Étaient-ce seulement les incidents d'une nuit de carnaval qui avaient décidé la liaison du Roi, liaison toute de sentiment encore et dont une savante stratégie de femme devait régler les étapes? Cette aventure clandestine de Paris, acte incroyable jusqu'alors dans la vie de Louis XV et qui fut soigneusement caché, marquait-elle un succès de hasard ou le couronnement d'une campagne menée de longue main? Les contemporains affirment que la future marquise de Pompadour ne devait point être étonnée de sa fortune. Sa mère l'avait élevée dans la pensée qu'elle y parviendrait un jour. A neuf ans, elle l'avait conduite chez une diseuse de bonne aventure, et l'on n'est pas peu surpris de trouver, en tête du relevé des pensions payées par madame de Pompadour : « six cents livres à la dame Lebon, pour lui avoir prédit, à l'âge de neuf ans, qu'elle serait un jour la maîtresse de Louis XV ». Bernis écrit, de son côté, dans ses Mémoires : « Le public fut fort étonné de la préférence que le Roi lui avait donnée ; il ignorait que ce prince, depuis qu'elle était mariée, la voyait fort souvent à la chasse dans la forêt de Sénart, que les écuyers de Sa Majesté passaient leur vie chez elle, et que madame de Mailly avait plus redouté madame d'Étioles qu'aucune autre femme. »

Madame Le Normant d'Étioles, Jeanne-Antoinette Poisson de son nom de fille, née à Paris, rue de Cléry, le 20 décembre 1721, avait alors vingt-quatre ans et l'une des situations les plus enviées de Paris. Ses ennemis se sont complu à ravaler outre mesure toutes ses origines, modestes, il est vrai, et sur lesquelles on sait depuis fort peu de temps la vérité.

Elle avait pour père un financier de médiocre volée, le sieur François Poisson, né en 1684 d'un tisserand de Provenchères, au diocèse de Langres. Pour s'élever peu à peu à l'état dont sa fille avait tiré un brillant mariage, ce Poisson avait eu une carrière assez orageuse. Il avait quitté à vingt ans la maison paternelle, pour suivre comme « haut-le-pied », c'est-à-dire conducteur de chevaux, les munitionnaires de l'armée du maréchal de Villars. Les frères Pâris, les fameux commissaires aux vivres, qui commençaient alors leur fortune, le remarquèrent; ils lui donnèrent d'abord des rôles subalternes, puis firent de lui un de leurs commis principaux.

C'était, à cette époque, pour tous les intermédiaires de ce genre, l'occasion de gains extraordinaires, obtenus avec de gros risques et par un usage audacieux du crédit. Poisson, qui paraît avoir été un homme supérieur en ce métier, acquit très vite la confiance absolue de ses patrons. Il fut employé par le Régent, lors de la peste de Provence, à procurer des subsistances à cette province, s'en tira à son honneur, et obtint d'acheter la charge de « fourrier du corps de Son Altesse Royale Monseigneur le duc d'Orléans ». Toujours au service des frères Pâris et travaillant avec eux, il prit en main l'approvisionnement de la Capitale pendant la disette des grains de 1725. Mais, ces dernières opérations ayant attiré les sévérités des intendants des finances, on reconnut que des marchés fictifs avaient été passés. Une commission fut spécialement établie pour faire rendre ses comptes au sieur Poisson ; il fut déclaré débiteur au Trésor royal d'une somme de deux cent trente-deux mille livres, par jugement du Conseil d'État du 20 mai 1727. Comme il ne put rien rembourser, ne parvenant pas à rentrer lui-même dans ses avances, ses biens furent saisis et il prit le parti de « s'absenter ». C'est le mot du temps, qui signifie une indispensable fuite.

François Poisson fut-il condamné à être pendu? Vingt ans plus tard, tout le monde le disait dans Paris, et il était piquant de le croire ; mais les traces de l'arrêt infamant ne se retrouvent nulle part et rien n'indique qu'il fut prononcé. Le cas du fugitif était, du reste, fort grave, et des pays d'Allemagne, où il se réfugia, il employa toutes ses forces à préparer la revision de son procès. C'était un de ces hommes avisés et nécessaires, qui savent intéresser les gens à leur sauvetage ; cependant, malgré qu'on le servît activement, par d'incessantes démarches auprès du cardinal de Fleury, il ne put revenir en France qu'au bout de huit ans, avec un sauf-conduit pour sa personne. En 1739, il obtint du Conseil une décharge partielle de sa dette et le commencement de sa réhabilitation. Plus tard, au temps de la faveur de sa fille, Poisson devait l'obtenir complète, et il est assez plaisant de voir reparaître, dans ses lettres d'anoblissement, les services rendus par lui pour les approvisionnements pendant la disette de 1725; on lui fait alors un titre éminent à la reconnaissance publique de ce qui lui aurait jadis mérité la potence.

Voici ce qu'affirment, sur le rôle de Poisson, les lettres dressées au nom du Roi, au mois d'août 1747 : « Nous crûmes ne pouvoir mettre en de meilleures mains le soin de l'approvisionnement de la ville de Paris et de plusieurs magasins des places frontières, pour lequel il ne ménagea ni sa fortune, ni son travail, ni le crédit qu'il pouvait avoir. Cependant, et malgré le succès qu'avaient eu ses talents, sa vigilance et son zèle, il ne put obtenir la justice même qui lui était due sur le remboursement de ses avances et sur les emprunts qu'il avait faits, en sorte qu'il se vit, pendant plus de vingt années, exposé aux poursuites les plus rigoureuses, qui l'obligèrent de quitter son établissement et sa famille et de vivre pendant huit années dans la retraite, qu'il ne put trouver que dans le pays étranger. Enfin, la conduite du sieur Poisson examinée par des commissaires les plus équitables et les plus éclairés, le jugement qu'ils ont rendu a fait connaître toute l'exactitude et toute la fidélité de son service; les emprunts qu'il avait faits ont été justifiés, ses avances établies et liquidées, et il a recouvré son état et sa liberté... » Il semble y avoir quelque part de vérité dans les lettres royales. Elles s'appuient sur l'arrêt de 1739, fort antérieur à l'époque où Louis XV put s'intéresser à madame d'Étioles, et elles s'accordent avec les documents contemporains les plus sérieux pour rendre justice à certains mérites du personnage.

M. Poisson s'est déjà réhabilité devant le public par une brillante rentrée au service du Roi, qui ferme pour un temps la bouche à ses envieux. Au mois de juillet 1741, alors que la guerre couve en Allemagne, et que la France se prépare à faire campagne contre la reine de Hongrie, il est envoyé chez l'électeur de Cologne, avec une mission confidentielle du marquis de Breteuil, ministre de la Guerre; il a charge de conclure en même temps, pour les frères Pâris, une série d'opérations difficiles et secrètes, relatives aux approvisionnements militaires sur les bords du Rhin. Il faut qu'on ait confiance, non seulement en son expérience du pays, mais encore en son intégrité, pour lui laisser le soin d'organiser tant de magasins pour les quartiers d'hiver et de passer les gros marchés de vivres, qui doivent assurer la subsistance des troupes françaises. Les lettres du ministre indiquent l'estime qu'on porte à ses talents.

Celles qu'il reçoit de Pâris-Duverney sont encore plus significatives et témoignent des liens étroits qui l'unissent à ses protecteurs : « Monseigneur de Breteuil et M. le Contrôleur général, écrit le financier, ont vu vos lettres; Son Éminence [Fleury] a vu celle qui accompagnait l'ordonnance que vous avez obtenue à Paderborn ; tous sont contents de votre conduite et, en mon nom particulier, je le suis aussi on ne peut pas davantage... J'ignore si l'on pourra faire usage de ce que vous avez obtenu. Le mérite n'en sera pas moins grand pour vous, et vous pouvez vous en rapporter à moi pour y donner toute l'étendue qui y convient... Jouissez toujours, en attendant, de la justice qu'on vous rend ici; la façon dont on y pense est très sensible pour moi, par le véritable intérêt que je prends à tout ce qui vous regarde. » Tel est le ton de la correspondance du chef avec son agent. Il lui confie, en passant, le désir qu'il a de se retirer du « travail forcé », qui l'épuise, et de prendre un repos bien gagné ; il y mêle des nouvelles de madame Poisson qu'il est allé voir, et « dont la santé n'est pas aussi bonne qu'il le désirerait »; il entretient un père, qui semble fort préoccupé, des indispositions de la jeune madame d'Étioles et de « quelques accès de fièvre à la campagne, d'où elle a dû revenir ».

A cette mission de François Poisson en Westphalie se rattache la première lettre qu'on ait de sa fille, datée du 3 septembre 1741 et maintenant facile à comprendre : « Si j'ai quelque remède, lui écrit madame d'Étioles, contre le chagrin que me donne votre absence, c'est les louanges que j'entends faire dans tout Paris sur votre compte. Je n'en suis pas étonnée ; mais il est encore bien heureux que le public vous rende justice; vous savez qu'il n'est pas sujet à caution. A propos, vraiment vous écrivez d'un style admirable à vos grands amis; l'on a raison de dire qu'il y a toujours de la dignité dans le grand français. »

Nous n'avons pas les pages de si beau style, qu'adressait M. Poisson aux frères Pâris et qui excitaient la tendre admiration de sa fille; mais le même courrier, qui lui portait cette lettre, en contenait une de Pâris de Montmartel, dont le ton mérite d'être remarqué: « Je n'ai pas répondu encore à une de vos lettres, mon cher François, parce que *le bon* [Duverney] s'en est toujours chargé. Je ne le ferais pas encore aujourd'hui, si je ne voulais pas vous marquer moi-même combien nous sommes contents de tout ce que vous avez fait et faites encore; j'en étais d'avance persuadé, mais vous savez que tout le monde n'avait pas la même opinion. La raison en est toute simple: ils ne connaissent point la matière et encore moins votre amitié pour nous, et c'est ce dernier point qui vous donne encore plus de force. » L'ami qui écrit ainsi à M. Poisson est celui qui a été, une vingtaine d'années auparavant, le parrain de sa fille ; c'est encore le protecteur le plus sûr de la famille, et la chronique a longtemps rapproché son nom de celui de la belle madame Poisson.

Madame Poisson a beaucoup travaillé à la réhabilitation de son mari, avec la ténacité d'une mère passionnée qui pense seulement à l'avenir de sa fille. Le personnage qu'elle a épousé ne l'attache guère. L'homme, si intelligent qu'il soit, est d'aspect vulgaire, rude en ses propos, fils de la terre mal dégrossi par la finance. Il ne peut être lié que par une association d'intérêt à la Parisienne ambitieuse, pour qui le mariage a été le chemin des grandes intrigues. On a cependant trop amplifié la chronique scandaleuse qui vise madame Poisson, et que le milieu et l'époque où elle vécut expliquent assez.

Madeleine de la Motte appartenait à une famille plus élevée que celle de son mari; son père était « le boucher des Invalides », c'est-à-dire que le sieur de la Motte, commissaire de l'artillerie, avait fait sa fortune à l'Hôtel royal des Invalides, comme entrepreneur des provisions de viande. La fille était, dit Barbier, une « belle brune, à la peau blanche, une des plus belles femmes de Paris, avec tout l'esprit imaginable »; on assure qu'elle était plus belle que ne le fut madame de Pompadour, et il est dommage qu'aucun portrait authentique ne nous permette d'en juger.

Que madame Poisson ait eu des bontés pour Pâris de Montmartel et, plus tard, pour quelque autre de ses contemporains, cela n'importe en rien à l'histoire, obligée à beaucoup d'indulgence sur le chapitre des mœurs du temps. Il faut dire cependant qu'afin de rabaisser plus tard la fortune inouïe de sa fille, la méchanceté et l'envie se sont déchaînées sur sa mémoire. On doit s'en fier plutôt aux gens d'esprit qui la fréquentèrent et se plurent dans son salon de bourgeoise : « Elle n'avait pas le ton du monde, dit Bernis qui la voyait chez une amie, mais elle avait de l'esprit, de l'ambition et du courage. »

Madame Poisson avait vécu quelque temps d'une façon assez misérable, de secours obtenus à grand peine sur le séquestre des biens de son mari. L'exil de celui-ci se prolongeant, elle s'était enfin consolée, en agréant les soins assidus d'un galant fermier général, Charles Le Normant de Tournehem, célibataire intelligent et magnifique, ami des artistes et des arts. Quand M. Poisson revint à Paris, il se trouva muni d'un ami chaud, serviable et riche, et sut comprendre le prix d'une cordialité dont les usages d'alors ne s'offusquaient point. Ces bons rapports, que rien ne semble avoir altérés, devaient se continuer toute la vie des deux hommes, et leur correspondance en garde l'édifiant témoignage : « Quoique de la même année, écrivait Tournehem à Poisson en 1751, il y a une grande différence de vous à moi ; vous êtes aussi vif et aussi actif qu'à vingt-cinq ans ; moi je m'appesantis tous les jours », mais il affirmait à son vieil ami, en l'embrassant, que le cœur de son Charles n'avait pas changé. Ils étaient unis alors, depuis bien des années, par un sentiment respectable, car M. de Tournehem s'était profondément attaché aux deux enfants qu'il avait vus grandir chez madame Poisson et dont il s'était promis d'assurer le sort.

Le jeune Abel, moins âgé de quatre ans que sa sœur, annonçait l'intelligence la plus heureuse ; mais Jeanne-Antoinette était une enfant délicieuse, qu'il était impossible de ne pas aimer. Le fermier général devait jouer, auprès de la fille de son ami, un rôle de père adoptif, qui a trompé même des contemporains, trop prompts à tirer des conclusions malicieuses ; mais le véritable père n'avait laissé à personne le soin de décider de la première éducation. Continuant à diriger sa famille du fond de son exil, il avait voulu que la petite fille fût mise au couvent et était entré lui-même en correspondance régulière avec la supérieure de la maison pour recevoir, directement et par le détail, des nouvelles de son enfant.

Il y a en effet, un peu de couvent dans la vie de madame de Pompadour ; elle a passé une année au moins aux Ursulines de Poissy, où deux de ses tantes étaient religieuses et où une de ses cousines était élevée. Les menus faits de sa vie enfantine la montrent déjà telle qu'elle sera plus tard. Elle exerce autour d'elle, toute petite fille de huit à neuf ans, cette séduction à laquelle il sera si difficile de résister et qu'on devine en tous les récits envoyés en Allemagne par le couvent : « Votre aimable chère fille, Monsieur, écrit la supérieure à M. Poisson en septembre 1729, a fort bonne grâce et sent tout à fait son bien. M. de la Motte envoie tous les jours de marché quelqu'un en savoir des nouvelles, et la fait sortir de temps en temps avec sa cousine Deblois, pour aller dîner avec lui, et l'on dit que tout au long il s'entretient avec elle. Elle ne s'ennuie point chez nous, au contraire ; elle a été charmée d'y revenir. Le 25 d'août, jour de la Saint-Louis, il y a une foire à Poissy ; nous l'y avons envoyée avec sa cousine et une de nos tourières qui leur a montré toutes les beautés et raretés ; elle les a menées aussi à l'Abbaye, où on les a fort caressées et trouvées très aimables ; on a fait demander depuis de leurs nouvelles. Le jour de l'Octave de l'Assomption de la sainte Vierge, elles ont chanté dans leurs classes les vêpres de la sainte Vierge, elles ont été les principales chantres. Elles s'aiment fort l'une l'autre et ne vont jamais l'une sans l'autre. La maîtresse d'écriture s'y applique fort pour la mettre en état de vous envoyer de son écriture, et vous marquer elle-même sa tendresse pour vous. Tout son désir est d'avoir l'honneur de vous voir et de vous embrasser. »

La jeune pensionnaire a, dès cette époque, un charmant surnom de famille, qui l'a suivie au couvent et qu'elle gardera jusqu'au seuil de Versailles ; pour tout le monde comme pour ses parents, elle est la petite reine, « Reinette ».

Mademoiselle Poisson n'est pas encore d'âge à intéresser beaucoup sa jeune mère, qui mène à Paris l'existence assez difficile de jolie femme sans ressources. Cette gêne est attestée par la correspondance de sa sœur religieuse, madame de Sainte-Perpétue, avec M. Poisson : « Notre révérende mère, lui écrit-elle, est fort surprise de ne point recevoir de vos nouvelles ; elle ne sait pas si c'est qu'on retient vos lettres. Tout ce que je sais, c'est que ma sœur Poisson en a envoyé une toute décachetée. Il est à croire qu'elle les lit toutes avant que de les envoyer ; ainsi, mon cher frère, je vous conseille d'écrire plutôt par la poste : c'est la voie la plus sûre, si vous ne voulez pas que ma sœur sache ce que vous faites pour votre chère enfant. Sous le prétexte qu'elle s'imagine que vous lui donnez beaucoup, elle ne lui donne positivement que son pur nécessaire. Je crois bien que c'est qu'elle n'est point à son aise, mais l'enfant est très délicate ; actuellement elle a un rhume assez considérable : par conséquent, elle a besoin de douceurs. Je vous dirai que le louis que vous lui avez envoyé est employé, et que je lui ai avancé un écu ; notre mère supérieure en a le mémoire ; si vous pouvez lui envoyer encore quelque chose, que ce ne soit point par ma sœur ni par les Invalides... Reinette est toujours aimable à son ordinaire ; elle me parle très souvent de vous ; elle me dit l'autre jour qu'elle savait bien que vous l'aimez beaucoup, qu'elle n'avait pas le cœur assez grand pour vous aimer autant que vous le méritez, mais qu'elle vous aime de toute l'étendue de son petit cœur, et qu'à mesure qu'elle grandissait, qu'elle sentait son amitié pour vous grandir avec elle. Je ne peux pas vous dire tout ce qu'elle me conte de semblable... Je crois que vous savez que nous avons un Dauphin ; on est dans de grandes réjouissances à Paris. Je souhaite que cela fasse finir vos affaires bien vite et à votre avantage. »

Madame Poisson, retenue à Paris par d'autres soins, faisait rarement le voyage de Poissy et ne s'occupait de sa fille que pour la fournir régulièrement de « corps » et de fourreaux d'indienne. Le père ne se souciait point que l'enfant lui fût trop souvent confiée ; elle la reprit, cependant, à l'occasion d'un rhume, pour la faire soigner chez elle, et ce fut un prétexte pour ne plus la ramener au couvent : « L'on nous a dit qu'elle n'a plus de fièvre, écrit la bonne supérieure à M. Poisson, qu'elle se porte bien, qu'elle est fort aise d'être auprès de Madame sa mère. Il y a apparence qu'elle y va rester. Ainsi, monsieur, nous ne saurons plus des nouvelles si certaines ; nous ne laisserons pas que de nous en informer souvent, y prenant beaucoup d'intérêt et l'aimant tendrement. Elle est toujours très aimable et d'un agrément qui charmait tous ceux qui la voyaient. »

C'était au mois de janvier 1730, et l'enfant avait à peine huit ans. Elle n'oubliera pas tout à fait ce temps aimable, que rien dans l'avenir ne doit lui rappeler. On la verra plus tard servir une pension à sa vieille tante ursuline et contribuer pour quelques milliers de livres, aux réparations de son couvent. Mais ce ne sera qu'un souvenir vague, effacé dans sa mémoire par les brillantes années qui suivirent et par les premiers succès du monde, auxquels madame Poisson sut admirablement la préparer.

La royauté de mademoiselle Poisson avait commencé de bonne heure. Les familiers de sa mère continuaient à l'appeler « Reinette », et elle était de celles qui établissent partout leur domination, habituées à se reconnaître supérieures aux autres, sans imposer cette certitude, et pouvant se faire pardonner leurs mérites par l'incomparable don de plaire. L'éducation la plus raffinée parait des agréments les plus rares la séduisante jeune fille. Deux poètes tragiques lui avaient enseigné la déclamation et le jeu scénique ; c'étaient Crébillon, aussi célèbre alors que l'avait été Corneille, et Lanoue, qui, après quelques succès d'auteur, allait entrer comme comédien au Théâtre-Français. Elle savait danser à la perfection, dessinait convenablement, et peut-être aimait-elle déjà à guider la pointe sur une planche de cuivre. Mais son principal talent, à cette époque de sa vie, était le chant; elle en tenait les principes de Jélyotte, le chanteur de l'Opéra, aussi aimé dans les salons qu'au théâtre, et dont les succès, dit-on, ne s'arrêtaient pas aux applaudissements.

Avec tant de grâces et de dons naturels, cultivés d'une façon aussi brillante, mademoiselle Poisson avait été recherchée dans les réunions du monde, et sa mère s'était vu ouvrir par elle des portes qui lui fussent sans doute demeurées closes. On les recevait à l'hôtel d'Angervilliers, où la jeune fille chanta un jour le grand air d'*Armide*, de Lulli, et charma tellement madame de Mailly que celle-ci la voulut embrasser. On les devine admises dans quelques cercles peu difficiles de l'époque, où l'esprit et les grâces invitaient de droit. Chez madame de Tencin, elles étaient presque chez elles, la vieille femme de lettres étant fort de leurs amies. La conversation des romanciers à la mode, Marivaux et Duclos, les soupers où l'on écoutait le mordant Piron, et aussi Montesquieu et Fontenelle, aiguisaient alors l'esprit des femmes. La jeune fille y trouvait comme préparation à la vie, sinon des principes moraux, du moins l'aisance des manières et une connaissance précoce du monde.

Son éducation avait été payée par le fermier général, qui s'intéressait tendrement à elle et qu'elle devait plus tard si magnifiquement récompenser par la charge de directeur général des Bâtiments du Roi. M. Le Normant de Tournehem n'entendait point, d'ailleurs, être privé par le mariage de la présence d'une enfant qui lui était chère et qu'il destinait à tenir brillament sa propre maison. Dès qu'elle eut vingt ans, il la fit épouser à un sien neveu, plus âgé qu'elle de quatre ans seulement. Le jeune Charles-Guillaume Le Normant, fils du trésorier général des monnaies, était un fort beau parti pour la fille de François Poisson. Médiocrement tourné, il est vrai, et petit de sa personne, il avait la distinction des sentiments, le ton de la meilleure compagnie, et l'on ne peut s'empêcher de trouver bien sonnants, dans l'acte de mariage, ses titres d'écuyer, chevalier d'honneur au présidial de Blois, seigneur d'Étioles, Saint-Aubin, Bourbon-le-Château et autres lieux.

Le sacrement fut donné aux époux le 9 mars 1741, en l'église Saint-Eustache. Quelques jours auparavant a été signé chez les Poisson, rue de Richelieu, devant le notaire Perret, un contrat qu'il n'est pas sans intérêt de feuilleter. Le mariage a lieu sous le régime de la communauté ; mais les apports sont fort inégaux. C'est à grand peine et avec toutes sortes de réserves que les parents de la future épouse lui constituent en dot une somme de cent vingt mille livres, savoir : « trente mille en pierreries, bijoux, linge et hardes à l'usage de ladite demoiselle », et une grande maison, sise rue Saint-Marc, estimée quatre-vingt-dix mille livres. Ajoutons-y cent quarante et une livres huit sols et six deniers de rentes viagères dites tontines, établies sur la tête de la future épouse par des contrats qui remontent à vingt ans. Les munificences viennent au futur époux de son oncle paternel, Charles-François-Paul Le Normant de Tournehem, écuyer, qui lui fait donation entre vifs d'une somme de quatre-vingt-trois mille cinq cents livres, sous forme d'avances dans les sous-fermes, et qui s'engage à bien autre chose par les articles suivants: « En faveur du même mariage, ledit sieur Le Normant, oncle, promet et s'oblige de loger et nourrir lesdits futurs époux, leurs domestiques au nombre de cinq, équipages et chevaux, pendant la vie dudit sieur Le Normant, oncle, et au cas que lesdits futurs époux et ledit sieur Le Normant voulussent se séparer, à compter du jour de ladite séparation, ledit sieur Le Normant, oncle, paiera la somme de quatre mille livres auxdits futurs époux pour leur tenir lieu desdits nourriture et logement pour chacun an. Plus, en la même considération, ledit sieur Le Normant, oncle, assure audit futur époux, sur les biens qu'il laissera au jour de son décès, la somme de cent cinquante mille livres, qu'il prendra en effets de la même succession à son choix », sans préjudice de la part d'héritage qui lui reviendra suivant la coutume de Paris.

Les ressources du nouveau ménage étaient considérables. Par les libéralités de M. de Tournehem, ils étaient logés chez lui, à Paris et à la campagne, nourris et défrayés de tout, et vivaient sur le pied de quarante mille livres de rente, avec l'espérance d'une opulente succession à recueillir de cet oncle incomparable. Malgré tant d'avantages assurés à cette union, un témoin mieux informé que ceux qu'on a cités, le président du Rocheret, lié alors avec toute la famille, rapporte que le jeune homme refusa tout d'abord de s'engager avec une femme, infiniment séduisante sans doute, mais pour laquelle trop de circonstances pouvaient faire hésiter un esprit sérieux. Tenté, au contraire, par les considérations d'argent, le père du jeune Le Normant, qui était veuf, le menaça d'épouser lui-même, s'il ne se décidait. Au reste, les sentiments qui suivirent furent, chez le jeune époux, extrêmement passionnés. Madame d'Étioles avait tout ce qu'il fallait pour se faire aimer follement de son mari ; elle y joignait les suffrages de l'admiration universelle, l'habileté d'une coquette de race, et jusqu'à cette froideur de tempérament qui redouble les désirs d'un homme épris.

Le premier portrait que nous aurions d'elle, le seul souvenir gardé de la fugitive par la famille de son mari, serait une toile de Nattier, « l'élève des Grâces », le peintre de la Famille royale et de la Cour, celui qui avait fixé la beauté touchante de madame de Mailly, la beauté fière de madame de Châteauroux. C'était aussi l'artiste à la mode, recherché de toutes les femmes qui passaient pour jolies. Il était naturel qu'il fût appelé auprès de madame d'Étioles. Mais les œuvres de Nattier sont presque toujours plus exquises que fidèles. Combien plus précieux est pour nous le portrait simplement écrit par le lieutenant des Chasses de Versailles, où les retouches soigneuses révèlent l'exactitude du peintre ! Il pose en quelques mots le gracieux modèle et l'ensemble de sa personne, « d'une taille au-dessus de l'ordinaire, svelte, aisée, souple, élégante », qui semble faire « la nuance entre le dernier degré de l'élégance et le premier de la noblesse » ; et ce qui l'intéresse le plus, c'est le jeu d'une physionomie qu'il a souvent examinée de près et vraiment comprise : « Son visage était bien assorti à sa taille, un ovale parfait, de beaux cheveux, plutôt châtain clair que blonds : des yeux assez grands, ornés de beaux sourcils de la même couleur ; le nez parfaitement bien formé, la bouche charmante, les dents très belles et le plus délicieux sourire ; la plus belle peau du monde donnait à tous ses traits le plus grand éclat. Ses yeux avaient un charme particulier, qu'ils devaient peut-être à l'incertitude de leur couleur ; ils n'avaient point le vif éclat des yeux noirs, la langueur tendre des yeux bleus, la finesse particulière aux yeux gris ; leur couleur indéterminée semblait les rendre propres à tous les genres de séduction et à exprimer successivement toutes les impressions d'une âme très mobile. »

Pour mobile qu'elle soit, cette âme de femme est assez maîtresse d'elle-même, et ces jolis traits ne trahissent jamais que ce qu'il lui convient. On s'explique toutefois que les artistes la voient et la comprennent de façon très différente, non seulement selon leur tempérament particulier, mais encore suivant son âge, son heure et son moment. Il faut les consulter tous et ne se fier à aucun, puisque M. de Marigny nous assure que les portraits de sa sœur n'ont jamais été ressemblants. Au temps de sa longue faveur, elle charmera et déconcertera les meilleurs maîtres, qui ne fixeront chacun qu'une partie assez fuyante de ses charmes. Après Nattier, le plus ancien de ses peintres et sans doute le moins troublé, elle attirera sans cesse les pinceaux familiers ou mythologiques de Boucher ; ceux de Carle Van Loo, qui remplira assidument auprès d'elle, sans être jamais satisfait, ses fonctions de « premier peintre du Roi » ; ceux de Drouais enfin, qui sera l'artiste de ses derniers jours et reviendra mainte fois au difficile modèle. Nous aurons encore, s'il le faut, pour compléter son image, les crayons de La Tour et de Cochin, les marbres de Lemoyne et de Pigalle ; mais c'est à peine si nous serons renseignés par cette richesse de documents et cette profusion de chefs-d'œuvre.

Madame d'Étioles a un train de fortune et une parenté qui lui permettent de recevoir une assez bonne société à l'hôtel de Gesvres, loué par l'oncle Tournehem, rue Croix-des-

Petits-Champs, où son père et sa mère logent auprès d'elle. Mais elle aspire à devenir une des reines de Paris, et la chose n'est pas sans difficulté. La richesse en ce moment ne consacre point un salon, et la beauté n'y suffit pas davantage. Il semble que la jeune femme ait cherché ardemment à pénétrer dans le plus brillant cercle d'alors, celui que présidait madame Geoffrin, en son hôtel de la rue Saint-Honoré, aidée de son aimable fille, la marquise de la Ferté-Imbault. Leur amitié était précieuse et d'un choix restreint. Quand elles reçurent la visite que mesdames Poisson et d'Étioles crurent pouvoir leur faire, après une présentation chez madame de Tencin, les deux maîtresses de la maison furent assez embarrassées. La mère, raconte la marquise, était « si décriée qu'il semblait impossible de suivre cette connaissance »; d'autre part, la fille, irréprochable et charmante, « méritait des politesses ». Il eût été cependant bien malaisé de recevoir l'une sans accepter l'autre.

La mauvaise santé de madame Poisson, qui se déclara peu après et la retira du monde, facilita les relations de madame d'Étioles. Elle fut vite accueillie dans le fameux salon et sut adroitement y faire sa place. Elle demandait à la jeune marquise l'autorisation de la voir souvent pour « prendre de l'esprit et des bonnes manières » ; elle ne manquait point de marquer à madame Geoffrin l'admiration sans bornes, dont la bonne dame exigeait l'encens, et elle exprimait avec grâce « un bonheur au delà de toute expression d'être admise dans son aréopage ». On l'y devine exerçant sa séduction sur tous les habitués, attentive aux causeries d'art que tenaient les amateurs, le lundi ; intéressant les vieux philosophes du mercredi par ses jolies façons, ses répliques vives, et cet esprit déjà averti, que leurs audaces n'effrayaient point.

La nièce de M. de Tournehem rencontre chez madame Geoffrin beaucoup d'hommes qu'elle ne peut avoir chez elle et qui la rapprocheraient de la Cour. Elle les envie à madame de la Ferté-Imbault, et l'avoue avec une naïveté qui semblera piquante plus tard : « Que vous êtes heureuse ! lui dit-elle souvent. Vous vivez constamment avec ce charmant duc de Nivernois, cet aimable abbé de Bernis et ce gentil Bernard, et vous les avez tant que vous voulez ! Et moi j'ai toutes les peines du monde à avoir l'un d'eux à souper chez mon oncle de Tournehem, parce que sa société les ennuie. » Ce sont surtout des gens de finance que reçoit le fermier général, et la jeune femme, initiée ailleurs à un monde différent, ne peut s'empêcher de leur trouver « un bien mauvais ton ». Elle se prépare, dès lors, à briller dans une autre sphère, et met en jeu pour y parvenir toute une politique subtile et persévérante.

Ses étés se passent au château d'Étioles, à proximité de Choisy et des grandes chasses royales. Louis XV vient assez souvent dans la forêt de Sénart se livrer à son divertissement favori, et les bois retentissent du cor des gentilshommes des chasses sonnant la fanfare de la Reine. Avec d'autres châtelaines des environs, madame d'Étioles est admise à suivre les équipages ; vêtue de bleu ou de rose, elle aime à conduire elle-même un léger phaéton, à apparaître brusquement devant le Roi, comme la fée de cette forêt, dont elle connaît tous les détours. Sa jeunesse hardie et sa beauté ne laissent point le Roi indifférent ; il l'aperçoit avec plaisir, et elle est du nombre des dames à qui il fait envoyer des chevreuils. Elle-même se dit éprise de lui et assure, en riant, que Sa Majesté seule la pourrait éloigner de ses devoirs envers M. d'Étioles. Nul, hormis l'oncle et la mère, qui savent à quoi s'en tenir, ne prend au sérieux cette boutade, et le mari, fort honnête homme et très amoureux, s'en offusque moins que personne. La jeune femme est, d'ailleurs, de conduite irréprochable; après avoir perdu un fils en bas âge, elle met au monde une fille, le 10 août 1744, et semble devoir être aussi bonne mère que fidèle épouse.

La vie qu'on mène au château d'Étioles est à la fois familière et brillante, avec ces nombreuses réunions d'amis, cette gaieté de propos et ce manque d'apprêt qui font alors le charme de la société française. Le président du Rocheret nous décrit, en peu de mots, la maîtresse du logis : « Belle, blanche, douce, ma Paméla! Je la nommais ainsi à Étioles, où je passais une partie des étés de 1741 et de 1742, et où nous lui lisions le roman anglais de *Paméla*, chez M. Bertin de Blagny, mon parent, maître des requêtes, trésorier des parties casuelles et seigneur de Coudray-sous-Étioles. » Reinette ou Paméla, qu'intéresse le roman de Richardson, a pour plaisir favori le théâtre : elle chante et joue la comédie sur une grande scène, munie de tous ses accessoires, que M. de Tournehem, très amateur de spectacles et très fier des talents de sa nièce, a fait construire à côté du château.

La déesse du lieu s'entoure de serviteurs dignes d'elle. Le beau Briges, l'écuyer de confiance du Roi, la célèbre avec tant d'enthousiasme, qu'on lui prêtera plus tard des succès dont il n'y a pas d'apparence, mais qui ne laisseront pas que d'inquiéter un peu Louis XV. On compte, parmi les familiers d'Étioles, Crébillon, qui est un ami de tous les temps ; le vieux Fontenelle, doyen honoré des lettres françaises ; le président de Montesquieu, en qui l'on voit surtout l'auteur des *Lettres persanes*, et le spirituel Louis de Cahusac, connu comme parolier de Rameau et comme émule de Crébillon le fils. Parmi ces libres esprits, le plus brillant et l'un des mieux choyés, Voltaire n'est pas le dernier à rendre hommage à « la divine d'Étioles » ; il la juge à ce moment « bien élevée, sage, aimable, remplie de grâces et de talents, née avec du bon sens et un bon cœur ». La vie la plus facile et la plus souhaitable s'ouvre devant la jeune femme, et personne ne comprendra, quand son heure troublée sera venue, qu'elle échange, pour le rôle incertain de maîtresse du Roi, la paisible royauté bourgeoise de sa richesse et de sa beauté.

A la Cour, on n'était point sans avoir entendu parler de madame d'Étioles. Elle y connaissait madame de Sassenage, femme d'un menin de M. le Dauphin, qui vivait au Château, et la vieille marquise de Saissac, qui n'y venait plus, mais qui était une tante du duc de Luynes et que la Reine n'avait pas oubliée. La bonne duchesse de Chevreuse s'intéressait, depuis son enfance, à cette petite Poisson et prenait plaisir à la nommer, quand un cercle de Versailles daignait s'occuper sans malveillance des « caillettes » de Paris. Au reste, les communications d'une société à l'autre étaient établies par quelques grands seigneurs curieux, par quelques abbés bien nés et par les gens de robe reçus chez les princesses pour leur esprit ; les chroniques de la bourgeoisie parisienne, souvent plus amusantes que celles de la Cour, y faisaient l'objet de conversations continuelles.

L'abbé de Bernis, qui rencontrait madame d'Étioles chez une cousine de son mari, la comtesse d'Estrades, rendait volontiers hommage à ses charmes. Le marquis de Valfons, l'ayant vue à un souper, la déclarait « jeune, jolie, pleine de talents ». Un autre bon juge, ami particulier de la Reine, le président Hénault, faisait cette charmante découverte dans l'été de 1742. Il écrit à la marquise du Deffand qu'il doit souper gaiement chez son cousin, M. de Montigny, avec le directeur des postes Dufort et quelques femmes de qualité, madame d'Aubeterre, madame de Sassenage : il doit y avoir aussi, ajoute-t-il, « *une madame d'Étioles*, Jélyotte, etc. » Le lendemain, il raconte à son amie la soirée et le succès de chanteur de Jélyotte : « Il me parut qu'il était en pays de connaissance. Mais je trouvai là une des plus jolies femmes que j'aie vues ; c'est madame d'Étioles ; elle sait la musique parfaitement, elle chante avec toute la gaieté et tout le goût possible, sait cent chansons, joue la comédie à Étioles sur un théâtre aussi beau que celui de l'Opéra, où il y a des machines et des changements. Paris est admirable pour la diversité incroyable des sociétés et pour les amusements sans nombre. On me pria beaucoup d'aller être témoin de tout cela dans un pays que j'ai beaucoup aimé, où j'ai passé ma jeunesse, et dans une maison qui est la même que mon père avait, mais où l'on a dépensé cent mille écus depuis. » Le président Hénault n'eut garde d'oublier cette aimable connaissance, et, l'hiver suivant, il reçut madame d'Étioles à ses fameux soupers, où se réunissait, pour les plaisirs de l'esprit unis à ceux de la table, ce qu'il y avait de mieux à la Ville et aussi à la Cour.

D'autres circonstances rapprochaient la jeune femme de Versailles, et son nom des oreilles du Roi. A Chantemerle, chez madame de Villemer, qui avait un théâtre de société semblable à celui d'Étioles, elle jouait la comédie avec le duc de Nivernois et le duc de Duras, et M. de Richelieu en personne l'y applaudissait. Si madame de Châteauroux se montrait inquiète, comme sa sœur Mailly, des manèges de la forêt de Sénart, c'est qu'elle savait fort bien, par son oncle Richelieu, qu'il en pourrait sortir, à l'occasion, une rivalité sérieuse et plus qu'une passade sans conséquence, Un jour que le Roi avait remarqué, une fois de plus, cette apparition bleue et rose en ce phaéton jeté sur la route des chasses, il se passa, dans son carrosse, un petit fait significatif. Madame de Chevreuse ayant dit, sans penser à mal, que madame d'Étioles était encore plus jolie qu'à son ordinaire, madame de Châteauroux lui marcha vivement sur le pied, pour arrêter la conversation. Quand les dames eurent quitté le Roi, madame de Chevreuse se plaignit et s'informa : « Ne savez-vous pas, Madame, répondit la duchesse, que l'on veut donner au Roi cette petite d'Étioles? »

Il ne semblait pas, malgré quelques apparences favorables, que la jeune bourgeoise pût jamais réaliser le rêve démesuré qu'elle avait conçu. Le retour de Louis XV aux sentiments religieux pendant sa maladie de Metz, puis la reprise de madame de Châteauroux, annoncée dès la rentrée à Versailles, écartaient également de lui madame d'Étioles. Vainement sa mère continuait-elle à lui souffler son exaltation, l'assurant qu'elle était plus belle que l'altière duchesse ; vainement Tournehem la montrait-il à ses amis, demandant : « N'est-ce pas un morceau de roi? » Il eût été sage de renoncer à cette ambitieuse folie, qui avait pris peu à peu en elle la forme de l'amour même.

Un sentiment complexe, où il entrait en tout cas plus d'orgueil que d'intérêt, l'avait envahie tout entière, et l'on peut bien reconnaître la sincérité de ce sentiment, car Louis le Bien-Aimé l'a fait naître en beaucoup de cœurs. Elle racontait à madame de la Ferté-Imbault, qu'étant en couches de sa fille, lors de la maladie du Roi, elle avait eu, en apprenant le danger, une révolution dont elle pensa mourir. C'était bien là « cette violente inclination », dont elle faisait plus tard confidence à Voltaire, et que soutenait un secret pressentiment qu'elle finirait par être aimée. Soudain, le grand obstacle tombait : madame de Châteauroux disparaissait, emportée par un mal rapide et inattendu ; le Roi restait désespéré, mais consolable, et le siège en règle commençait.

Madame d'Étioles et sa mère avaient à Versailles un accès singulièrement aisé et qui leur permettait de se passer de Bachelier et de Lebel, les premiers valets de chambre, aussi bien que de M. de Richelieu, conseiller ordinaire de Sa Majesté pour les affaires de son caprice. Le sieur Binet, premier valet de chambre du Dauphin, qui avait la survivance de Bachelier, avait un lien de famille avec les Le Normant. Aucune introduction ne valait celle de ces gens du service intime, hommes de confiance, importants et discrets, d'ailleurs convenablement apparentés et que le Roi finissait toujours par anoblir.

Binet ne semble pas avoir joué, de propos délibéré, le rôle que la chronique atteste pour d'autres valets de chambre de Louis XV, et l'amitié dont l'honorait l'austère gouverneur du Dauphin, le duc de Châtillon, semble assurer qu'il n'était point homme à prendre l'initiative de certaines complaisances. Mais il approchait le Roi trop souvent et de trop près pour ne pas être en état de rendre les services que lui demandait sa jolie cousine. Et pourquoi n'aurait-il pas favorisé ses vues ? Madame d'Étioles n'avait-elle pas à solliciter pour son mari une place de fermier général, et n'était-il pas naturel qu'elle disposât de la seule influence qu'elle eût à la Cour pour essayer d'atteindre le maître ? Cette raison justifiait les démarches aux yeux de l'époux, qui n'avait, au surplus, aucune raison de suspecter la fidélité de sa femme. Ce fut, en tout cas, par cette voie et pour ces motifs que madame d'Étioles pénétra pour la première fois dans les intérieurs de Versailles.

Dès avant le mariage du Dauphin, elle y apparaît, mystérieuse encore, car il semble bien qu'il soit question d'elle, à propos du bal masqué donné, le 7 février, chez Mesdames, au rez-de-chaussée où logera plus tard le Dauphin. Le duc de Luynes, racontant ce bal dans son journal du lendemain, dit que le Roi n'a pas ordonné sans intention ce divertissement de carnaval chez ses filles : « On prétend, ajoute-t-il, qu'il fut, il y a quelques jours, à un bal en masque dans la ville de Versailles. On a même tenu, à cette occasion, quelques propos, soupçonnant qu'il pouvait y avoir quelques projets de galanterie, et on croit avoir remarqué qu'il dansa hier avec la même personne dont on avait parlé. Cependant, c'est un soupçon léger et peu vraisemblable. Le Roi paraissait avoir grand désir hier de n'être point reconnu. La Reine fut aussi, hier, au bal en masque, et y est restée jusqu'à quatre heures. » Le 10 mars, dix jours après la fête de l'Hôtel de Ville, alors que le Carême est commencé et qu'on résume les incidents du Carnaval, M. de Luynes mentionne pour la première fois le nom de madame d'Étioles : « Tous les bals en masque ont donné l'occasion de parler des nouvelles amours du Roi et principalement d'une madame d'Étioles, qui est jeune et jolie; sa mère s'appelle madame Poisson. On prétend que, depuis quelque temps, *elle est presque toujours dans ce pays-ci* et que c'est le choix que le Roi a fait. Si le fait était vrai, ce ne serait vraisemblablement qu'une galanterie et non pas une maîtresse. » Le mari de la dame d'honneur de la Reine est ici l'écho de son entourage : il constate les bruits qui courent, mais ne s'inquiète aucunement ; à ses yeux, une bourgeoise, quoi qu'il advienne, ne saurait être à craindre pour longtemps.

A la Cour, tout se sait, ou se devine. Le rôle de Binet ne tarde pas à être connu. La femme qui vient chez lui et qu'il a introduite, au moins une fois, en solliciteuse, dans les Petits Appartements, met en train la verve des nouvellistes. Le valet de chambre prétend que ce sont là des calomnies « affreuses » sur madame d'Étioles ; il assure à la duchesse de Luynes qu'il n'y a pas contre sa parente « le plus léger fondement » ; qu'elle est venue uniquement pour cette place de fermier général, qu'elle l'a obtenue et qu'elle ne reparaîtra plus à la Cour. Binet est-il complice ou dupe? Croit-il que les choses en resteront là, ou veut-il tout simplement se protéger contre l'orage terrible qu'il sent gronder sur sa tête?

Il ne faut point croire que les amours du Roi n'intéressent que la chronique de l'Œil-de-Bœuf; de très graves questions s'y rattachent, et toute la politique de Versailles commence à s'en préoccuper. Ce qu'on appelle « le parti des dévots » craint une liaison du Roi, qui serait pire que les précédentes. Après un éphémère triomphe, ce parti se sent menacé chaque jour davantage auprès de Louis XV. L'homme qui en a pris la direction, lors de l'exil du duc de Châtillon, M. Boyer, évêque de Mirepoix, chargé de la Feuille des bénéfices, ne manque ni d'intelligence, ni de volonté; mais l'intelligence est courte et la volonté têtue. Il est un de ceux qui, par leurs maladresses, réveillent le jansénime expirant et jettent la France dans la plus fatale des guerres religieuses. Si l'on s'en tient aux choses de cour, l'influence de l'évêque de Mirepoix semble moins funeste et s'exerce même d'honorable façon : sa parole, écoutée du Roi pour les affaires ecclésiastiques, fait autorité pour toutes choses chez la Reine et chez le Dauphin. Il n'aime guère la noblesse, qui encombre son ordre de cadets ambitieux, et volontiers il soutient des prêtres méritants et obscurs contre le clergé courtisan.

Les ennemis de l'évêque cherchent depuis longtemps à le détruire dans l'esprit de Louis XV. On l'a d'abord attaqué sur les sentiments de piété outrée qu'il aurait inculqués au Dauphin, et que des gens comme Richelieu traitent couramment de bigoterie et cagoterie. Le Roi, qui a de la religion, n'a pas paru se soucier de ce reproche. On a dit alors que le parti Boyer se croit assez maître du jeune prince pour tenir ouvertement chez lui des propos contre la conduite de son père. Si la Dauphine montre au Roi une indifférence choquante et répond mal à ses attentions paternelles, ce n'est point timidité ou gaucherie de son âge, comme on le pourrait croire; c'est répugnance inspirée par ce qu'elle entend dire chez son époux. Le Roi lui a proposé à mainte reprise de venir visiter les curiosités précieuses accumulées dans ses Petits Appartements; ce n'est qu'à la troisième fois qu'elle s'est décidée, avec une gêne visible, à pénétrer dans ces élégants réduits dont on lui a dit tant d'horreurs. Voilà, dit-on, l'œuvre de Boyer et de ses complices. Le Roi sera-t-il insensible à la pensée de cette désunion semée dans sa famille au nom des principes de la religion?

L'évêque de Mirepoix sent fort bien qu'un grave péril approche, non seulement pour sa personne, mais pour les idées qu'il représente et pour les intérêts du clergé de France, dont il a la garde. Il a fallu les menaces d'une mort prochaine pour obtenir du Roi qu'il renonçât à une vie coupable, et encore rappelait-il madame de Châteauroux quelques semaines après la guérison. Une liaison nouvelle n'amènerait pas un scandale moindre, et peut-être en préparerait-elle de plus grands. Celle dont on parle à présent est une femme qui, selon l'expression de son ami Voltaire, « pense philosophiquement », c'est-à-dire en dehors de toute croyance religieuse. On la sait liée avec ce dangereux écrivain et avec d'autres, ses pareils. Il est sûr qu'elle apporterait chez le Roi les idées d'incrédulité dans lesquelles elle a été nourrie ; la voix de Dieu y serait de moins en moins écoutée. Quelles conséquences, sur l'esprit de Louis XV et sur l'avenir du royaume, que cette substitution d'influence !

L'homme d'église a plus de connaissance du cœur humain que ces gens de cour, infatués de leur naissance, sûrs d'avance qu'on ne saurait voir à Versailles une favorite roturière. Rien ne s'éduque aussi vite qu'une femme d'esprit, et le Roi, si la roture le gêne, dispose de titres à son gré. L'évêque a donc jugé qu'il était temps de se défendre. On dit qu'il a mandé Binet, rendu responsable de l'intrigue, et qu'il l'a menacé de le faire chasser de chez M. le Dauphin. « M. de Mirepoix, écrit Luynes, nie l'un et l'autre de ces faits ; mais il convient, et me l'a dit, que Binet l'étant venu trouver pour lui conter son affliction de ce qu'on disait contre lui, il lui a parlé assez fortement sur les dangers auxquels il s'exposerait, s'il y avait le moindre fondement aux bruits auxquels il ne voulait point ajouter foi. »

L'intervention du prélat produit un résultat tout autre que celui qu'il en attendait. L'honnête Binet, averti de telle façon, comprend qu'il n'a plus rien à ménager. Inquiet pour sa place, il se croit en droit de la défendre par tous les moyens. Le Roi ne tarde pas à apprendre qu'on se mêle de traverser ses amours, qu'on veut soumettre ses inclinations aux préventions de son fils et des conseillers de son fils. Rien ne peut davantage l'irriter et pousser aux extrêmes résolutions une volonté qui craint par-dessus tout de paraître conduite.

Nous entrons ici, il est vrai, dans l'incertitude ; mais les dates se précipitent et suffisent à montrer que bien des choses se sont passées ces derniers jours du mois de mars, puisque madame d'Étioles, qui ne devait plus reparaître à Versailles, ne le quitte pas. Binet jure ses grands dieux que, cette fois, il n'est pour rien dans ses voyages. Faut-il croire que c'est par une autre voie, madame de Tencin par exemple, que l'amour sincère de madame d'Étioles a été confirmé au Roi? Binet a-t-il remis lui-même une lettre de sa jeune parente, disant au Roi que sa passion sera la cause de sa perte, assurant que la jalousie éveillée d'un époux qui l'idolâtre va lui faire subir les suites d'un juste ressentiment, en même temps qu'elle ne pourra survivre à la perte de l'objet aimé? D'où que soit venu l'appel, l'auguste objet a été touché, a consenti à revoir madame d'Étioles et permis qu'elle revînt au Château.

En même temps, l'oncle Tournehem, depuis longtemps dans les vues de sa nièce, est entré en scène : il a envoyé le jeune d'Étioles en province pour les affaires des sous-fermes, où il est intéressé, et l'y a retenu le plus possible. Les voyages sont longs à cette époque, et les affaires se compliquent aisément. Madame d'Étioles, à la fin de mars, a toute liberté pour aller à Versailles, quand il lui plaît, et y demeurer, s'il lui convient.

« Avant-hier, écrit le duc de Luynes le 29 mars, le Roi fut à la chasse et devait souper dans ses Cabinets; l'ordre en était donné. Ceux qui ont coutume d'avoir l'honneur de souper avec le Roi se présentèrent à l'ordinaire, mais on n'appela personne, et l'on vint dire que le Roi ne soupait point. M. le duc d'Ayen s'était trouvé mal à la chasse et était au lit; le Roi y descendit et y fit porter son souper, ou bien chez madame de Lauraguais; c'est ce que l'on n'a pas su positivement. »

Ce mystère n'est-il pas déjà la présence de madame d'Étioles? On la trouve, en effet, deux jours après, assistant à la représentation d'un ballet comique de Rameau, dansé sur la scène du Manège. Tout Versailles a voulu y être et les places ont été fort disputées. Madame d'Étioles, sans aucun droit à cette faveur, a paru pour la première fois au milieu des femmes de la Cour. Elle se savait en mesure d'affronter toutes les comparaisons, et l'occasion était bonne de les suggérer au Roi.

Le 1er avril, elle est vue à la Comédie Italienne, au Château même, où les places sont encore plus rares, la salle de spectacle étant extrêmement resserrée : « Le Roi y était dans une petite loge grillée, au-dessous de celle de la Reine. On continue toujours à tenir des propos sur madame d'Étioles. On remarqua que ce jour-là elle était dans une loge près du théâtre, fort en vue de celle du Roi, et par conséquent de celle de la Reine ; elle était fort bien mise et fort jolie. »

Ces indications sont d'importance sous la plume d'un homme circonspect comme le duc de Luynes. Le 10 avril, d'ailleurs, notre chroniqueur ne conserve plus le moindre doute : « Le Roi soupa en particulier, en haut, dans ses Cabinets ou en quelque autre endroit qu'on ne sait point, mais il n'y eut personne d'appelé pour souper avec lui. On continue à tenir les mêmes propos sur madame d'Étioles. » Ces lignes sont écrites le dimanche des Rameaux. On annonce pour le samedi saint, un souper des Petits Cabinets, où l'on pense qu'il y aura des dames et qu'on fera médianoche ; on désigne même madame de Lauraguais avec madame d'Étioles. Les pronostics sont en défaut ; il n'y a qu'un petit souper d'hommes, qui s'achève sans imprévu. Quant aux Pâques de Sa Majesté, bien entendu, il n'en saurait être question.

En quel endroit du Château le Roi reçoit-il alors madame d'Étioles ? Nul ne peut le savoir, car les intérieurs sont la discrétion même. Le premier souper où il montre sa nouvelle maîtresse, dans les Cabinets, a lieu le jeudi 22 avril. Richelieu se vante d'y avoir été ; on peut y compter également les familiers les plus intimes, le duc de Boufflers, le duc d'Ayen, le marquis de Meuse et quelques-uns des chasseurs de la journée. Luynes dit peu de chose de cette réunion : « M. de Luxembourg y fut admis. Comme madame de Lauraguais était à Paris, le Roi fit avertir madame de Bellefonds [dame de Madame la Dauphine] pour ce souper. Tout le monde croyait que le Roi viendrait au bal de l'ambassadeur [d'Espagne] ; il y envoya M. de Lujac, exempt des gardes, et M. de Tressan. Il resta dans ses Cabinets, et il ne s'est couché qu'à cinq heures. Aujourd'hui, il a encore dîné avec madame d'Étioles, mais dans le grand particulier. On ne sait point précisément où elle loge ; mais je crois cependant que c'est dans un petit appartement qu'avait madame de Mailly et qui joint les Petits Cabinets. Elle ne demeure point ici de suite; elle va et vient à Paris et s'y en retourne le soir. » Tel est le premier séjour à Versailles de la future madame de Pompadour, séjour dissimulé et presque furtif qui ne se reproduira plus. Quand elle reviendra à la Cour, elle sera maîtresse déclarée et marquise.

A ce même moment, M. d'Étioles a fini de voyager. On a retardé son retour à Paris en le faisant inviter, pour les fêtes de Pâques, à Magnanville, près de Mantes, chez M. de Savalette. M. de Tournehem y est venu rejoindre son neveu et, en regagnant Paris, comme sa femme ne s'y trouve plus, il lui a révélé la nouvelle destinée de la fugitive. Elle a eu, lui dit cet oncle excellent, « un goût si violent qu'elle n'a pu y résister, et, pour lui, il n'a d'autre parti à prendre que de songer à s'en séparer ». On prétend qu'à cette nouvelle M. d'Étioles est tombé évanoui, puis a montré un si violent désespoir qu'il a fallu lui enlever les armes; mais, qu'il ait pleuré de rage ou crié vengeance, qu'il ait écrit à sa femme, pour la rappeler, les prières les plus tendres ou qu'il ait rêvé la folie d'aller la reprendre à Versailles, le résultat est inévitable. Il est une volonté à laquelle on ne résiste pas ; d'ordre du Roi, de bon gré ou par violence, M. d'Étioles devra accepter la séparation.

Ce rôle de mari exalté par la jalousie, les craintes que peut faire concevoir un tel état d'esprit, tout cela sert à merveille et fort opportunément les desseins de madame d'Étioles. Elle s'adresse au cœur du Roi et à ses sentiments de gentilhomme. Elle le supplie de la défendre, de changer son état et son nom. Ces précautions lui donneront pied à la Cour et l'amèneront à être « déclarée » ; elle se met aussi en garde, non contre son mari, qu'on pourra toujours réduire, mais contre des rivalités, qu'elle sait nombreuses, et l'hostilité du parti dévot. Ce sont là les vrais dangers qui la menacent et paraissent devoir la détruire, quand la passion royale arrivera à l'heure du déclin. A ce moment, l'amant heureux ne saurait rien refuser, et il est d'un esprit avisé de saisir l'instant : « Le Roi, écrit M. de Luynes, achète pour madame d'Étioles le marquisat de Pompadour, dont elle portera le nom ; c'est une terre de dix ou douze mille livres de rente. Ce n'est point le contrôleur général qui est chargé de faire cette acquisition ; on ne lui en a pas seulement parlé. C'est M. de Montmartel [garde du Trésor royal] qui fournit l'argent. » Ainsi reparaît, en cette circonstance décisive de la vie de la favorite, le nom de ces frères Pâris qui ont tenu tant de place dans l'histoire de sa famille et qui vont être encore longtemps les soutiens de sa fortune.

Au reste, ce qu'on avait cru fantaisie passagère, devient maintenant, aux yeux de tous, une affaire sérieuse. « Ce qui paraissait douteux il y a peu de temps, note le duc de Luynes le 27 avril, est presque une vérité constante ; on dit qu'elle aime éperdument le Roi, et que cette passion est réciproque. » Il ajoute qu'on « n'ose en parler publiquement ». La discrétion de la Cour, faite surtout de la gêne qu'inspire le choix roturier du Roi, n'est point imitée à Paris. Un chroniqueur bourgeois, comme l'avocat Barbier, d'ordinaire frondeur et malveillant, exprime des sentiments inattendus : « Cette madame d'Étioles, dit-il, est bien faite et extrêmement jolie, chante parfaitement et sait cent petites chansons amusantes, monte à cheval à merveille et a reçu toute l'éducation possible. » On devinerait presque quelque fierté chez l'écrivain à voir sa classe sociale représentée dignement, auprès du maître, par cette personne accomplie.

Quant aux amis qui l'ont connue avant ces événements, aux familiers de « la divine d'Étioles », nous savons leurs sentiments par la lettre de l'un d'eux, égarée dans une correspondance illustre, lettre qu'il faut dater de ce mois d'avril et qui vaut la peine d'être lue de près :

« Je suis persuadé, Madame, écrit Voltaire en envoyant ses vers sur César et Cléopâtre, que du temps de César il n'y avait pas de frondeur janséniste qui osât censurer ce qui doit faire le charme de tous les honnêtes gens, et que les aumôniers de Rome n'étaient pas des imbéciles fanatiques. C'est de quoi je voudrais avoir l'honneur de vous entretenir avant d'aller à la campagne. Je m'intéresse à votre bonheur plus que vous ne pensez, et peut-être n'y a-t-il personne à Paris qui y prenne un intérêt plus sensible. Ce n'est point comme vieux galant flatteur de belles que je vous parle, *c'est comme bon citoyen* ; et je vous demande la permission de venir vous dire un petit mot à Étioles ou à Brunoi, ce mois de mai. Ayez la bonté de me faire dire quand et où. Je suis avec respect, Madame, de vos yeux, de votre figure et de votre esprit, le très humble et très obéissant serviteur. »

Que de choses en cette petite lettre de l'habile homme, qui prépare, dans la femme encensée d'aujourd'hui, l'amie utile de demain! Comme s'y insinuent déjà les espérances que fonde tout un parti sur la nouvelle maîtresse! Et quelle meilleure justification des craintes de l'évêque de Mirepoix! On voit s'établir ici, dès la première heure, ce concert de louanges intéressées et réciproques, qui rendra les philosophes indispensables à madame de Pompadour et fera d'elle la protectrice, l'Égérie des philosophes; on surprend l'éveil des ambitions de ce groupe ardent et batailleur, qui la pousse au pouvoir et contribuera à l'y maintenir. Ils comptent bien, par elle, se produire plus hardiment dans le monde, monter plus haut qu'ils n'ont pu faire jusqu'à présent et voir triompher dans l'État, grâce à l'heureux choix du monarque, leurs doctrines et leurs personnes.

CHAPITRE II

L'ANNÉE DE FONTENOY

Louis XV eut quelque mérite à ne point se laisser retenir par le plaisir d'un nouvel engagement, quand un devoir royal l'appela aux frontières. Il y obéit sans hésiter, remplissant ainsi la promesse qu'il avait faite à Maurice de Saxe en lui confiant son armée de Flandre. Il avait décidé de s'aller mettre en personne à la tête des troupes, dès que la tranchée serait ouverte devant Tournay, et de mener avec lui le Dauphin. Il voulait lui donner de bonne heure cette initiation directe aux choses de la guerre, qu'il n'avait eue lui-même que l'année précédente, aux sièges de Menin, d'Ypres et de Fribourg.

C'était pour le jeune prince, récemment

marié et tendrement épris, une séparation cruelle, et pour la Reine, pour Mesdames, pour la Dauphine, une cause d'alarmes trop justifiées, « deux boulets, disait-on, pouvant priver la France de son maître et de ses espérances ». Cependant le Dauphin bouillait d'impatience et sentait s'éveiller en lui les instincts militaires de sa race. Le Roi l'avait trouvé trop jeune l'été dernier, et on l'avait profondément humilié en le laissant à Versailles, malgré ses prières. La vraie raison de ce refus était sans doute le désir qu'avait eu madame de Châteauroux de suivre l'armée. Cette année, l'empêchement n'existait plus ; aucun prétexte décent n'eût permis à une madame d'Étioles de paraître aux camps, et le départ du Roi et de son fils fut fixé au 6 mai.

L'événement avait attiré à Versailles beaucoup de monde. Toutes les dames titrées et les charges avaient tenu à s'y montrer, et il y eut jusqu'à treize dames ayant le droit de s'asseoir au souper du Roi. La veille du départ, Louis XV mangea au grand couvert et passa dans la chambre de la Reine, comme à son ordinaire. Au petit quart d'heure de conversation générale, rempli des insipidités d'usage, nulle allusion ne fut faite à l'émotion qui remplissait les cœurs. Le lendemain, la Reine et Mesdames furent au lever; la Dauphine, trop affligée, n'y put aller. On partait à sept heures. « La Reine a attendu M. le Dauphin, lorsqu'il a passé pour aller chez le Roi; elle était à la porte du petit passage qui va chez elle; elle l'a rappelé, elle l'a embrassé vingt fois, fondant en larmes. » M. de Luynes observe que le Roi ne s'est couché qu'à trois heures et demie : « Il avait l'air fort sérieux ce matin; il a dit un mot fort court à M. d'Argenson l'aîné; mais, hors cela, il n'a pas dit un mot à personne, ni à ses ministres, ni à aucun des courtisans. »

Le Roi gagna Compiègne avec des relais et continua le voyage en poste. La couchée du second jour fut à Douai. Le Dauphin dormait encore, quand Louis XV quitta la ville à quatre heures du matin. La nouvelle des mouvements de l'ennemi l'appelait en hâte devant Tournay. Il était temps qu'il arrivât : l'armée de secours commandée par le duc de Cumberland, et composée de troupes anglaises, hollandaises, autrichiennes, et hanovriennes, serrait de près les assiégeants, et le maréchal de Saxe croyait à chaque instant être attaqué. Le Roi et le Dauphin allèrent reconnaître le terrain, visitèrent les redoutes établies par le maréchal et furent acclamés dans les campements.

Louis XV passa la soirée du 10 à deviser, de la meilleure humeur du monde. Il rappela les batailles où s'étaient trouvés en personne les rois de France ; il observa que, « depuis la bataille de Poitiers, aucun d'eux n'avait combattu avec son fils, et qu'aucun, depuis saint Louis, n'ayant gagné de bataille signalée contre les Anglais, il espérait donc être le premier ». Après cette leçon d'histoire, on fit des bons mots ; on fut gai comme pendant une nuit de bal ; le Roi chanta une chanson fort drôle à plusieurs couplets, puis s'en fut, comme les autres, coucher sur la paille.

Le 11 mai, à la petite pointe du jour, il se fait éveiller pour aller se rendre compte des dispositions de l'ennemi. Le vieux maréchal de Noailles et quelques officiers entrent chez lui, quand il achève de se botter : « Vous voilà bien paré, dit-il à Tressan, qui a un habit tout neuf de maréchal de camp. — Sire, dit l'officier, je compte bien que c'est aujourd'hui jour de fête pour Votre Majesté et pour la nation. »

On est à peine en selle que l'ennemi attaque au canon. Le Roi, bientôt rejoint par le Dauphin, va prendre position sur une éminence, à l'entrée du champ prévu pour la bataille et qui n'a guère que neuf cents toises de largeur. Ils assistent de là, exposés eux-mêmes aux boulets, à toute l'action qui commence. Ils voient le magnifique mouvement de l'infanterie anglaise et hanovrienne, qui force, en masses épaisses, le centre des lignes françaises ; elle perd des rangs entiers, mais le reste avance et repousse de son feu régulier les régiments qui successivement se présentent. Gendarmes, carabiniers, Normandie, Hainaut, brigade irlandaise, rien ne résiste à la marche de cette colonne, de plus en plus serrée, qui répare ses pertes à mesure et semble manœuvrer comme à l'exercice, avec une lenteur puissante et sûre. On aperçoit les majors anglais appuyant leur canne sur les fusils de leurs hommes pour abaisser leur tir. Devant l'intrépidité de l'attaque, les gardes françaises ont lâché pied et, malgré leurs officiers, se débandent. Le Roi ne reçoit que de mauvaises nouvelles ; les redoutes tiennent encore, mais déjà celle de Fontenoy manque de boulets et ne répond plus à l'ennemi. La retraite peut être coupée, même au Roi, d'un moment à l'autre, malgré les précautions du maréchal de Saxe, qui a tout prévu, sauf la déroute.

Sur tout le champ de bataille, passant hardiment au front de la colonne anglaise, court une légère chaise d'osier, attelée de quatre chevaux gris ; c'est le fameux « berceau » qui porte le maréchal. Malade, affaibli, obligé de rester couché, il n'a rien perdu de son beau sang-froid de héros. Le Roi et son entourage suivent ses mouvements dans la plaine, d'où s'efface toute espérance. Un instant, la colonne formidable demeure immobile, ne tirant plus, et paraît maîtresse du terrain. Autour du Roi se tient un conseil assez tumultueux, où les avis s'agitent dans la fièvre. Le Dauphin, très excité, met d'un joli geste l'épée à la main et demande à charger à la tête de la Maison du Roi. Le maréchal fait prier Sa Majesté, au nom de la France, de ne pas s'exposer davantage et de repasser l'Escaut pour s'abriter. Le Roi refuse et parle aussi de se jeter en personne au milieu de l'action. Le maréchal envoie le chevalier de Castellane le supplier d'attendre un quart d'heure seulement, d'autres nouvelles.

En pleine défaite, Maurice de Saxe improvise le plan d'une seconde bataille. Il donne ses ordres suprêmes, parcourt une fois de plus les lignes rompues, relève les courages, rappelle aux troupes qu'elles combattent sous les yeux de leur Roi. Il veut ébranler de tous côtés la colonne victorieuse, avant que les Hollandais, qui ont encore peu donné, se décident à l'appuyer. Tandis que l'artillerie, changeant ses dispositions, concentre son tir sur le même point, tous les escadrons de la Maison du Roi, que M. de Richelieu met en bataille, Brionne, Aubeterre, Penthièvre, Chabrillant, Brancas, chargent ensemble. Les régiments déjà décimés secondent le furieux élan. Celui de Noailles, qui charge au centre, y laisse d'abord tout un escadron : mais la masse ennemie, attaquée à la fois de front et par les flancs, commence à s'ouvrir peu à peu ; en quelques minutes, elle est forcée de reculer et se retire, sans confusion, cédant le terrain et la victoire.

Il était une heure après-midi, quand le jeune marquis d'Harcourt accourut ventre à terre, annoncer que la bataille était gagnée. Le maréchal, à bout de forces, arriva peu d'instants après, et voulut embrasser les genoux du Roi : « Sire, dit-il, j'ai assez vécu ; je ne souhaitais de vivre aujourd'hui que pour voir Votre Majesté victorieuse. Elle voit à quoi tiennent les batailles ! » Le Roi le relève et l'embrasse. Le comte d'Argenson s'occupe des courriers. Le Roi et le Dauphin écrivent sur des tambours.

A deux heures et demie, un page part pour Versailles, portant à la Reine les billets de son mari, de son fils et du ministre. Le premier, qui baptise la victoire, est ainsi conçu :

Du champ de bataille de Fontenoy,
ce 11 mai, à deux heures et demie.

« Les ennemis nous ont attaqués ce matin à cinq heures. Ils ont été bien battus. Je me porte bien et mon fils aussi. Je n'ai pas le temps de vous en dire davantage, étant bon, je crois, de rassurer Versailles et Paris. Le plus tôt que je pourrai, je vous enverrai le détail. »

Le jeune prince écrit avec plus de tendresse :

« Ma chère maman, je vous fais de tout mon cœur mon compliment sur la bataille que le Roi vient de gagner. Il se porte, Dieu merci, à merveille et moi, qui ai toujours eu l'honneur de l'accompagner. Je vous en écrirai davantage, ce soir ou demain, et je finis en vous assurant de mon respect et de mon amour. LOUIS. — Je vous supplie de vouloir bien embrasser ma femme et mes sœurs. »

Les courriers expédiés, Louis XV remonte à cheval avec le Dauphin et parcourt les lignes. De régiment en régiment, ils sont salués par des cris d'enthousiasme; on leur présente les drapeaux percés de balles. Le Roi remercie commandants et soldats, ne tenant à l'écart que les gardes françaises, si peu solides devant le feu. Il s'intéresse aux blessés et donne des ordres pour qu'ils soient transportés aux hôpitaux, préparés d'avance avec plus de soin qu'à l'ordinaire. « Le triomphe est la plus belle chose du monde, écrira le marquis d'Argenson à Voltaire; les *Vive le Roi!* les chapeaux en l'air au bout des baïonnettes, les compliments du maître à ses guerriers, la visite des retranchements, des villages..., la joie, la gloire, la tendresse. Mais le plancher de tout cela est du sang humain, des lambeaux de chair humaine! » Les terribles pertes de cette journée, meurtrière entre toutes, sont oubliées dans l'allégresse de la victoire. Ceux qui ont aidé à la gagner comprennent la fierté royale : Fontenoy a donné au règne le prestige éclatant de gloire militaire qui lui manquait.

Ces grandes nouvelles arrivaient à Versailles laissant une incertitude cruelle sur le sort des combattants. Le lendemain, le comte d'Argenson faisait parvenir à la Reine la liste des morts. La noblesse française avait chèrement payé la gloire de son roi. On comptait soixante-treize officiers tués sur le champ, cinquante-cinq en grand danger, quatre cent soixante-quatre blessés, seize cents soldats morts et trois mille blessés ; et cette proportion indiquait quelle part revenait au dévouement des officiers dans le succès de la journée. On citait le duc de Gramont, atteint par un des premiers boulets, et roulant de cheval aux pieds du maréchal de Noailles, son oncle, qui venait de l'embrasser et l'envoyait à son poste. Un autre lieutenant général, M. de Lutteaux, avait reçu deux coups de fusil dans le corps. Plusieurs colonels étaient tombés à la tête de leurs troupes : M. de Dillon, M. de Courten, le prince de Craon. Ces deuils, qui touchaient tant de familles et frappaient aussi plus d'un cœur en secret, assombrissaient la joie générale.

D'ailleurs, la guerre n'était point finie, et même la place de Tournay tenait toujours. On commença à se rassurer, le jour où un page de la petite écurie, M. de Lordat, vint annoncer que la ville était rendue et la garnison retirée dans la citadelle. La prise de cette citadelle n'en fut pas moins d'une difficulté extrême : les assiégés, presque chaque nuit, faisaient jouer des mines meurtrières, et pour calmer les trop vives inquiétudes, sur le bulletin quotidien envoyé à la Reine, on réduisait le nombre des blessés et des morts. Après un mois seulement, la brèche étant faite, la garnison anglo-hollandaise consentit à capituler et sortit avec les honneurs de la guerre. Louis XV vit défiler ces quatre mille hommes sur les glacis de Tournay ; ils passaient entre deux haies formées par la cavalerie française, maison du Roi, gendarmerie, carabiniers. Quand vint le tour du gouverneur, M. de Brackel, le Roi le félicita de sa belle défense ; puis il entra solennellement dans la ville ; l'évêque le reçut à la cathédrale, entouré de son clergé, et le prince de Tingry, lieutenant général en survivance de la province de Flandre, le traita à dîner. Le résultat de la campagne était assuré.

D'autres succès s'accumulèrent rapidement en six semaines ; Gand se laissait surprendre par M. de Lowendal; Bruges ouvrait ses portes sans résistance au marquis de Souvré; Oudenarde se rendait au Roi après quatre jours de tranchée; Dendermonde était pris par le duc d'Harcourt, Ostende, par Lowendal encore. Et tandis que de bonnes nouvelles arrivaient d'Italie, où l'Infant don Philippe, gendre du Roi, combinait ses efforts avec ceux du maréchal de Maillebois, tandis que le roi de Prusse, ayant battu les troupes de Marie-Thérèse à Friedberg, écrivait à son allié : « J'ai acquitté la lettre de change que vous aviez tirée à Fontenoy », Louis XV parcourait la Flandre conquise et se faisait acclamer de ses nouveaux sujets, au milieu d'une continuité de fortune qui rappelait les plus belles campagnes de Louis XIV.

Pendant que toutes les églises de France chantent le *Te Deum* pour les victoires de Sa Majesté Très-Chrétienne, madame d'Étioles est à la campagne, chez l'oncle Tournehem, point gênée par son mari, qu'on fait voyager, toute à ses projets d'avenir et à la réalisation de son rêve. Les rapports du lieutenant de police montrent que l'opinion, qui s'inquiète d'elle, sait assez mal ce qu'elle devient. Dès le départ du Roi, son nom est changé et les Parisiens s'amusent à lui donner par avance le titre dont elle n'a point encore le brevet. Les uns répandent que l'époux indulgent va la reprendre et mettra ainsi fin à la comédie; d'autres soutiennent qu'elle reçoit chaque semaine un billet mystérieux, sous le couvert de M. de Montmartel, à la suscription : *Pour Madame d'Étioles, à Étioles*, et qu'elle y répond par la même voie.

A la Cour, où l'on est mieux informé, on croit qu'il arrive autant de courriers de l'armée à Étioles qu'à Versailles, et que le Roi écrit chaque jour une lettre au moins, adressée à *Madame la marquise de Pompadour*, et cachetée d'une devise galante : *Discret et fidèle*. D'autres lettres viennent de l'entourage du Roi; et M. de Richelieu, l'ami de toutes les maîtresses, a entamé la plus aimable correspondance, montrant assez par là qu'il a constaté les signes d'une faveur durable. Celui qui donne le plus à penser est qu'on rafraîchit à Versailles le bel appartement de madame de Châteauroux.

Ces satisfactions d'amour et d'amour-propre

ont de quoi dédommager la jeune femme de la retraite à laquelle elle est condamnée. Cette retraite, désirée par le Roi, est absolue. Elle ne reçoit qu'un petit nombre d'amis, des plus éprouvés ou des plus utiles. Deux surtout s'empressent auprès d'elle, qui joueront dans sa vie un rôle important et qui, dès ce moment même, dirigent en quelque mesure sa destinée.

Voltaire, qui a été le premier courtisan de la fortune naissante de madame d'Étioles, est aussi le premier obligé de madame de Pompadour. Il lui doit déjà le don gratuit de la première charge vacante de gentilhomme de la Chambre du Roi, un beau cadeau en vérité, qui représente environ soixante mille livres; la charge d'historiographe, dont il a en même temps le brevet, lui vaut, avec deux mille livres d'appointements, le droit de flatter officiellement Sa Majesté. Le prétexte des faveurs royales, vainement sollicitées jusqu'alors par l'auteur de *la Henriade*, a été le ballet du mariage, *la Princesse de Navarre*; mais c'est madame d'Étioles qui les a obtenues au poète, et il a bénéficié de la première prière peut-être qu'elle ait faite au Roi.

Il n'aurait garde de négliger une amitié qui

promet d'être avantageuse et peut lui assurer, par exemple, l'Académie, qui l'a jusqu'à présent écarté. Tout ce printemps, tout cet été, Voltaire tourne autour d'Étioles, fort aise qu'on sache qu'il est dans les confidences. Il ne quitte le duc et la duchesse de la Vallière, ses protecteurs du moment, que pour aller chez sa nouvelle déesse : « Je suis tantôt à Champs, tantôt à Étioles », écrit-il au marquis d'Argenson, qui est sous Tournay avec le Roi et qui doit montrer sa lettre ; au mois d'août, écrivant d'Étioles même, il rend compte gaiement au ministre qu'il se dit de lui infiniment de mal chez madame de Pompadour.

Il y donne la première lecture de ce poème sur la *Bataille de Fontenoy*, qui est pour lui une grande affaire. Né courtisan, il a toujours aspiré à devenir le *Poeta regius* de quelque monarque, et cette carrière, avec ses honneurs lucratifs et la liberté qu'elle assure, suffit encore à ses ambitions ; mais il atteint la cinquantaine, sans être plus avancé qu'il y a vingt ans, alors qu'il se figurait avoir conquis les bonnes grâces de madame de Prie. L'élévation d'une autre favorite et la victoire des armées françaises lui semblent occasion favorable pour prendre sa revanche, en la meilleure aubaine de sa vie. Une voix écoutée pourra faire entendre à Louis XV que, pour être loué dignement, il doit choisir le plus grand génie de son règne; et ce génie saura promettre, avec les plus agréables sous-entendus,

Le prix de la Vertu par les mains de l'Amour!

Ce n'est point un chef-d'œuvre qu'inspire madame de Pompadour; on y voit reparaître les mouvements, les épithètes, jusqu'à des hémistiches de l'*Ode sur la prise de Namur* ou de l'*Épître sur le passage du Rhin*; du même style, des mêmes mots, de la même mythologie qu'employait Boileau pour flatter le Grand Roi, Voltaire flagorne le Bien-Aimé.

Toute cette rhétorique, apprise des Jésuites, charme, enivre, exalte la petite bourgeoise. Le poète sait aussi l'intéresser au côté profitable de son entreprise. Il n'a célébré jusqu'alors que des hommes de cour aimant les lettres, qui donnent à souper et payent des dédicaces; d'autres appuis semblent plus sûrs dans une monarchie militaire et auprès d'un roi peu sensible aux arts et médiocre juge du talent. Il va pouvoir multiplier, en citant les héros de Fontenoy, le nombre des gens qui lui veulent du bien, et il persuade madame de Pompadour que ces amis nouveaux seront également les siens. C'est à Étioles qu'il augmente et corrige ses éditions successives. Comme il se croit grand dispensateur de renommée, il entasse dans ses vers, toujours à l'imitation de Boileau, les noms militaires qu'il voue à l'immortalité. Il envoie ses exemplaires à l'armée par ballots, et c'est un d'Argenson qu'il charge de les distribuer. L'imprimeur ne suffit point aux tirages, on épuise en dix jours dix mille exemplaires, et l'engouement du public grise le poète : « La tête me tourne, écrit-il ; je ne sais comment faire avec les dames, qui veulent que je loue leurs cousins ou leurs greluchons. On me traite comme un ministre : je fais des mécontents ! »

Il prie Tressan, un des blessés de la journée, de lui mander des épisodes héroïques, pour enrichir les éditions nouvelles. Celle dont le Roi a daigné agréer la dédicace est adressée par l'auteur à son ami Moncrif, pour que le poète des *Chats* obtienne qu'il soit lu par la Reine ; il lui demande encore de faire remarquer, à leur auguste souveraine, l'indignité de confrères sans talent qui se sont permis de célébrer le même sujet, et surtout de l'un d'eux qui s'est posé en rival : « Vous êtes engagé d'honneur à faire connaître à la Reine ce misérable ; si je n'étais malade, j'irais me jeter à ses pieds. Je vous supplie instamment de lui faire ma cour. Je n'avais supplié madame de Luynes de présenter ma rapsodie à la Reine que parce qu'il paraissait fort brutal d'en laisser paraître tant d'éditions sans lui en faire un petit hommage. Mais je vous prie de lui dire très sérieusement que je lui demande pardon d'avoir mis à ses pieds ma pauvre esquisse, que je n'avais jamais osé donner au Roi. Enfin Sa Majesté ayant bien voulu que je lui dédiasse sa *Bataille*, j'ai mis mon grain d'encens dans un encensoir un peu plus propre, et le voici que je vous présente. » En vérité, Voltaire ne dédaigne aucun appui, puisqu'à l'heure même où il se fait l'hôte assidu d'Étioles, il tient à s'assurer la bienveillance, si peu nécessaire aujourd'hui, de « la bonne Reine ».

C'est peut-être qu'il commence à s'inquiéter et que ses façons « d'adjuger des lauriers » paraissent indiscrètes dans les cercles de la

Cour. Le duc de Luynes nous donne, avec sa bonne grâce habituelle, l'opinion des honnêtes gens sur l'auteur du fameux poème : « Il a voulu parler de tout le monde, et sans avoir eu le temps d'être assez instruit des particularités ; il a même suppléé par des notes à ceux qu'il ne pouvait nommer ; mais, en voulant contenter tout le monde, il a fait grand nombre de mécontents. Les uns se sont trouvés trop confondus dans la foule, les autres ont jugé qu'ils n'étaient point à leur place. Il a fait M. le duc de Gramont maréchal de France de son autorité ; enfin, il s'est trouvé tant de fautes qu'il a été obligé de faire plusieurs corrections. Il y en a de ce moment-ci cinq éditions, et ce n'est qu'à la cinquième qu'il a cru son poème en état d'être présenté à la Reine. Malgré toutes ces critiques, il est pourtant certain qu'il y a de très beaux vers, et il est vrai qu'on passe moins de fautes à Voltaire qu'à un autre, parce qu'on le croit moins capable d'en faire. » L'avocat Marchand, qui a rimé lui-même sur Fontenoy, est moins indulgent pour son remuant confrère :

Il a loué depuis Noailles
Jusqu'au moindre petit morveux
Portant talon rouge à Versailles !

M. de Richelieu passe pour avoir chargé Voltaire de composer, à son profit, un poème où lui est attribué le vrai succès de la bataille. Le duc est, en effet, dans une période de grande ambition et, depuis qu'il est entré dans les vues du Roi au sujet de madame de Pompadour, il a repris son crédit des meilleurs jours. Les lettres écrites du camp devant Tournay racontent l'extrême familiarité que le Roi lui montre, en venant l'éveiller chaque matin dans sa chambre, causer et plaisanter au bord de son lit. Dans ces conversations intimes, dont madame de Pompadour fait souvent les frais, Voltaire tient à être nommé. Il correspond avec Richelieu, à propos des fêtes du retour que celui-ci doit organiser comme Premier gentilhomme, et telle de ses lettres peint plusieurs âmes d'un seul pinceau :

« Voici un petit morceau dans lequel il y a d'assez bonnes choses. Il y a surtout un vers :

Un roi plus craint que Charle et plus aimé qu'Henri !

Vous devriez bien, Monseigneur, mettre le doigt là-dessus à notre adorable monarque. De héros à héros, il n'y a que la main... »

Ce préambule est pour amener une autre requête : « En vérité, vous devriez bien mander à madame de Pompadour autre chose de moi que ces beaux mots : « Je ne suis pas » trop content de son acte. » J'aimerais bien mieux qu'elle sût par vous combien ses bontés me pénètrent de reconnaissance, et à quel point je vous fais son éloge ; car je vous parle d'elle comme je lui parle de vous ; et, en vérité, je lui suis très tendrement attaché, et je crois devoir compter sur sa bienveillance autant que personne. Quand mes sentiments pour elle lui seraient revenus par vous, y aurait-il eu si grand mal ? Ignorez-vous le prix de ce que vous dites et de ce que vous écrivez ? Adieu, Monseigneur, mon cœur est à vous pour jamais. » La veille, Voltaire envoyait au duc des essais de la fête, des sujets de livret pour Rameau ; le lendemain il en expédie d'autres ; il n'est jamais à court ni d'idées, ni de compliments.

Cette agitation d'esprit, ce bouillonnement de projets, cette parole rapide, mordante, souvent sincère, cette flamme d'éloquence qui illumine et ce tumulte de mots qui étourdit, voilà ce qu'apporte à Étioles la menue et ardente personne de Voltaire. Il entretient la fièvre de la future marquise, lui souffle ses propres ambitions, la mêle à ses grands desseins, l'intéresse à ses petites rancunes, la consulte, l'encense, l'intimide, lui persuade par instants qu'il n'y a à écouter que lui, et qu'il n'est pas auprès de lui d'écrivain qui compte. Qui donc aurait plus d'invention pour suggérer à une femme fêtes, ballets, et opéras? Qui serait mieux apte à la célébrer en vers ou en prose et à la servir à travers le monde? Et déjà les petits vers du poète se multiplient, courent Paris, apprenant à tous en quelle intimité il a su se mettre et ce qu'il se croit permis d'écrire :

Sincère et tendre Pompadour
(Car je peux vous donner d'avance
Ce nom qui rime avec l'amour
Et qui sera bientôt le plus beau nom de France),
Ce tokai dont Votre Excellence
Dans Étioles me régala,
N'a-t-il pas quelque ressemblance
Avec le Roi qui le donna?
Il est comme lui sans mélange;
Il unit comme lui, la force et la douceur,
Plaît aux yeux, enchante le cœur,
Fait du bien et jamais ne change.

Dans une lettre au président Hénault, Voltaire nous introduit au milieu des causeries d'Étioles, où achève de se former l'esprit de la maîtresse puissante de demain : « Je parlais, Monsieur, il y a quelque jours, à madame de Pompadour de votre charmant, de votre immortel *Abrégé de l'Histoire de France*. Elle a plus lu à son âge qu'aucune vieille dame du pays où elle va régner *et où il est bien à désirer qu'elle règne*. Elle avait lu presque tous les bons livres, hors le vôtre ; elle craignait d'être obligée de l'apprendre par cœur. Je lui dis qu'elle en retiendrait bien des choses sans efforts, et surtout les caractères des rois, des ministres et des siècles ; qu'un coup d'œil lui rappellerait tout ce qu'elle sait de notre histoire, et lui apprendrait ce qu'elle ne sait point ; elle m'ordonna de lui apporter, à mon premier voyage, ce livre aussi aimable que son auteur. Je ne marche jamais sans cet ouvrage ; je fis semblant d'envoyer à Paris et, après souper, on lui apporta votre livre en beau maroquin, et à la première page était écrit :

Le voici ce livre vanté ;
Les Grâces daignèrent l'écrire
Sous les yeux de la Vérité,
Et c'est aux Grâces de le lire... »

L'épître n'aurait pas son entière saveur, si

l'on ne se rappelait comment Voltaire traita par la suite l'*Abrégé* du président, « compilation informe, disait-il, exécutée par des mercenaires », œuvre d'un homme dont la « petite âme ne voulait qu'une réputation viagère » et qui n'était au fond qu'un « charlatan ». Il faut songer aussi aux vers ignobles et fameux, qui vinrent orner un jour un chant de la *Pucelle*, pour flétrir « l'heureuse grisette », des charmes de laquelle avait trafiqué sa mère. Il est vrai qu'alors Hénault avait osé adresser à Voltaire des critiques sur le *Siècle de Louis XIV*, et que madame de Pompadour ne consentait pas à lui sacrifier Crébillon.

Il était trop évident que le gentilhomme de la Chambre du Roi, en affichant son enthousiasme pour la maîtresse, ne songeait qu'aux avantages qu'il en pouvait retirer. Nul souci chez lui des véritables intérêts de sa protectrice. Par son zèle indiscret et bruyant, il l'eût plutôt desservie et lui eût fait assez vite le dangereux présent de ses propres ennemis. Mais madame de Pompadour avait auprès d'elle un ami moins égoïste, et dont le dévouement fut de meilleure étoffe. C'était l'abbé de Bernis, qui devint également un familier d'Étioles, puisque chaque semaine il y passait une journée. Aussi bien le Roi l'avait décidé à son départ, pour des raisons qu'il importe de connaître.

Ce n'est point une compagnie banale que celle de l'abbé de Bernis, et plus d'une grande dame la pourrait envier à la fille des Poisson. Ce cadet de vieille famille, apparenté aux meilleurs noms de France, est obligé par la gêne à demander sa carrière à ses talents et à son mérite. Il est ardemment désireux de réussir, mais incapable, pour cela, d'une bassesse ou d'une hypocrisie ; il a pris le petit collet, sans vouloir recevoir la prêtrise, donnant la raison très loyale que la vocation lui manquait. Ses trente ans sont venus, sans qu'il ait d'avenir assuré dans l'Église, Fleury d'abord, puis Boyer lui ayant impitoyablement fermé la Feuille des bénéfices. Riche de jeunesse, s'endettant un peu (mais une belle princesse qui l'estime payera ses dettes), il vient d'obtenir son premier succès et d'entrer à l'Académie, moins comme écrivain de profession, qu'en grand seigneur ami des lettres et des lettrés. Ses titres littéraires auraient été son poème de la *Religion vengée*, qu'il dédaigna d'imprimer, et aussi ces madrigaux galants, qui n'ont guère coûté à sa verve méridionale et qu'on lui jouera le mauvais tour de publier, quand il sera devenu prêtre, diplomate et cardinal. Le gentil poète n'a d'ailleurs rien écrit dont il ait à rougir ; son œuvre, comme sa vie, est du meilleur ton.

L'éducation première n'a pas moins servi l'abbé de Bernis que les dispositions de son heureuse nature. Frais, joufflu, poupin, soigné de sa personne (« Babet la bouquetière », comme l'appelle Voltaire, qui le ménage et le jalouse), d'une physionomie avenante et candide, instruit sans pédanterie, sensible et gai, il sait tourner à point le compliment mythologique et parle naturellement à Églé et à Silvie le langage qui les caresse. Il est dans leurs salons « la coqueluche », attire les confidences délicates et donne les conseils désintéressés. Cependant, il ne rime point pour toutes les belles, et ne risque pas son habit en tous les lieux ; même dans le monde qu'il fréquente, il faut s'y prendre de loin pour l'avoir à souper. Si l'on est surpris qu'un homme aussi jeune et aussi recherché des deux sexes n'ait aucune fatuité, c'est qu'on ignore qu'il cache sous ces futiles dehors une fort belle intelligence. On ne saurait désirer amitié plus sûre et plus agréable que la sienne.

Madame Poisson et sa fille, qui rencontraient M. de Bernis chez la comtesse d'Estrades, nièce de M. de Tournehem, l'avaient plus d'une fois prié chez elles. La compagnie qu'elles voyaient ne lui convenant pas, il s'était poliment dérobé. Si les choses se modifièrent, ce ne fut pas sans quelque débat de conscience, peut-être à l'honneur de l'abbé et que le cardinal marquera avec insistance dans ses Mémoires : « Je reçus un jour, dit-il, un billet de la comtesse d'Estrades, qui me priait de passer chez elle ; je m'y rendis ; elle m'apprit que madame d'Étioles était maîtresse du Roi : que, malgré mes refus, elle désirait avoir en moi un ami et que le Roi l'approuvait. J'étais prié à souper chez madame d'Étioles huit jours après pour convenir de nos faits. Je marquai à madame d'Estrades la plus grande répugnance à me prêter à cet arrangement, où, à la vérité, je n'avais aucune part, mais qui paraissait peu convenable à mon état : on insista, je demandai le temps pour y réfléchir. Je consultai les plus honnêtes gens : tous furent d'accord que, n'ayant contribué en rien à la passion du Roi, je ne devais pas me refuser à l'amitié d'une ancienne connaissance, ni au bien qui pouvait résulter de mes conseils. Je me déterminai donc ; on me promit et je promis une amitié éternelle. On verra que j'ai tenu parole. »

A la distance de tant d'années, il est assez naturel que Bernis s'exagère un peu son scrupule. D'autres souvenirs confirment et complètent les siens. Parmi les amies qu'il interrogea, madame de la Ferté-Imbault lui donna son avis assez crûment : « Je lui dis que, puisqu'il passait sa vie chez des femmes galantes et qu'il était fort galant lui-même, il y aurait plus à gagner pour lui à être le confident du Roi et de sa maîtresse, que de tous les beaux messieurs et toutes les belles dames à la mode. » Au surplus, une auguste voix avait parlé et levait toute hésitation. Le Roi devait s'éloigner de madame d'Étioles : « Il fut convenu, dit Bernis, et approuvé du maître que je la verrais souvent. »

Le jeune abbé ne laissa pas que de trouver en son obéissance quelque agrément : « Je fus souvent à Étioles dans l'été de 1745. A l'exception du duc [alors marquis] de Gontaut, qui y demeura quelques jours, je fus le seul homme du monde avec qui la marquise de Pompadour pût avoir des entretiens. J'allais toutes les semaines à Paris, et je faisais valoir sans affectation ses sentiments et ses intentions. Je lui conseillai de protéger les gens de lettres; ce furent eux qui donnèrent le nom de Grand à Louis XIV. Je n'eus point de conseil à lui donner pour chérir et rechercher les honnêtes gens : je trouvai ce principe établi dans son âme. Je n'aperçus alors dans l'âme de madame de Pompadour qu'un amour-propre trop aisé à flatter et à blesser, et une défiance trop générale, qu'il était aussi facile d'exciter que de calmer. Malgré cette découverte, je résolus de lui dire toujours la vérité sans aucun ménagement... Je dois dire à sa louange que, pendant plus de douze ans, elle a mieux aimé mes vérités quelquefois dures, que les flatteries des autres. »

Ces deux hommes, M. de Gontaut et l'abbé de Bernis, qui ont déjà rencontré madame d'Étioles, lui rendent, à ce moment, un inappréciable service. Ce sont gens de haute naissance et de sérieux caractère : le premier, après une belle carrière dans les armes, sut obtenir l'amitié de madame de Châteauroux et celle du Roi; le second, malgré sa jeunesse, inspire confiance par sa conduite et la sûreté de son esprit. Ils n'ont pas été envoyés sans motif par Louis XV auprès de madame de Pompadour.

L'un et l'autre sont du monde et du plus grand, celui dans lequel va entrer la nouvelle marquise et qu'elle ignore entièrement. Quelque brillante qu'ait pu être sa vie jusqu'à ce jour, c'est la finance et la bourgeoisie qui l'ont formée. Tout différent est le milieu où des circonstances inouïes la transportent. Ni les mœurs, ni la langue, ni les façons n'y sont les mêmes. Pour éviter les faux pas, si dangereux en un pays comme la Cour et que le maître ne tolère guère, que de choses à connaître, que d'allusions à deviner, que de noms, de généalogies, d'alliances à tenir dans sa mémoire! Il faut avoir vécu toujours dans un monde aussi fermé pour en posséder les traditions et en savoir le langage. Puisque des gentilshommes comme Gontaut et Bernis parlent de naissance ce langage, leur rôle est précisément de l'apprendre à la favorite. Intelligente à la façon de Paris, et douée à merveille de la facilité qu'ont les femmes de se transformer suivant les temps et les lieux, elle profite rapidement de ces leçons délicates. Il n'y a pas seulement pour elle, à fréquenter ceux qui les lui donnent, la vanité de pouvoir nommer au Roi des amis qui ne sentent ni le grimoire, ni la maltôte ; il y a surtout le profit, qu'elle sent fort bien, d'y prendre insensiblement un autre ton et d'y décrasser sa roture.

Bernis remplit auprès de madame de Pompadour une sorte de « préceptorat » (le mot est de Brienne, qui eut plus tard les confidences du prélat), et de ces premières relations sort une véritable amitié. Cette amitié tient tant de place dans la vie de la favorite, et une place si mal connue, qu'il est indispensable d'en bien marquer le caractère. L'abbé de Bernis n'est point si sévère qu'il ne se laisse aller au plaisir d'en cultiver les charmes. N'appartenant encore à l'Église que par son habit, il est au monde par ses mœurs, et c'est la morale du monde qu'il pratique, celle de l'honnête homme, qui diffère un peu de la morale chrétienne, mais d'après les règles de laquelle il semble équitable d'apprécier sa conduite. Son exemple aide à faire comprendre l'indulgent respect des sujets de

Louis XV pour des faiblesses, qui chez d'autres causeraient scandale. Rien n'empêche que justice soit rendue à quelques-unes des qualités de la favorite, même par des gens de vie vertueuse et de sincère piété. Pour le grand nombre des Français d'alors, les volontés et les caprices du Roi sont choses qui ne se discutent ni ne se jugent : « En France, écrit précisément Bernis, le Roi est non seulement le maître des biens et de la vie, mais aussi de l'esprit de ses sujets. Quel pouvoir ! et qu'il serait aisé d'en tirer un parti avantageux ! »

On ne peut oublier, en ce siècle où règne la femme, que la galanterie laisse partout le sceptre aux mains des grâces et de la beauté. La noblesse particulièrement a hérité sur ce point des traditions de l'ancienne chevalerie. M. de Bernis, plus gentilhomme qu'abbé, met une parfaite aisance à les pratiquer. Les vers qu'il dédie à madame de Pompadour diffèrent singulièrement par là de ceux de Voltaire, dont les madrigaux sentent toujours le placet. Grand seigneur et poète sentimental, Bernis est réellement sous le charme de la femme d'esprit, qui n'a pas dédaigné de le conquérir, et l'on devine qu'il rime pour elle-même, et non en vue du crédit qu'elle pourra posséder un jour. C'est de cette époque de leurs relations que date le joli conte des « petits trous », un peu familier sans doute, puisqu'il s'agit de célébrer des fossettes, mais qui reste de bonne compagnie :

Ainsi qu'Hébé, la jeune Pompadour
A deux jolis trous sur sa joue,
Deux trous charmants où le plaisir se joue,
Qui furent faits par la main de l'Amour.
L'enfant ailé sous un rideau de gaze
La vit dormir et la prit pour Psyché....

Ce sont encore les ombrages du parc d'Étioles qui inspirent au poète son allégorie sur l'Enfant de Cythère, revenu au jour pour protéger, non plus l'infidélité, mais la constance, et qu'on aperçoit

dans le bois solitaire
Où va rêver la jeune Pompadour.

Ces visites choisies, ces causeries, cette littérature de boudoir charmaient le monotone isolement de la châtelaine d'Étioles. Elle était occupée aussi par les négociations d'un procès en séparation de biens, qu'elle intentait à son mari, devant le Châtelet, et qu'il y avait peu de chances qu'elle perdît. Ses parents, son frère, l'oncle Tournehem, le cousin Ferrand, secrétaire général du commerce, la jeune cousine d'Estrades, formaient sa société habituelle, où ne paraissait point la petite Alexandrine encore en nourrice. Les incidents étaient rares à Étioles. Le 16 juin, le procureur Collin arrivait, ayant dans son sac l'arrêt en bonne forme, qui ordonnait la séparation des époux et la restitution de la dot. Un jour du mois suivant, on était au salon d'assemblée, quand retentit une détonation violente, suivie d'un mouvement du sol qui jeta hors de ses gonds la porte de la pièce. Le magasin de poudre d'Essonnes venait de sauter, à une lieue de distance ; il y avait une trentaine de victimes et Corbeil entier perdait ses vitres. Madame de Pompadour en parlait plus tard à son frère voyageant en Italie, à propos d'un tremblement de terre près du Vésuve. Ç'avait été pour elle le présage d'un important événement survenu quelques jours après et depuis longtemps attendu dans sa vie.

Le courrier des Flandres apportait à Étioles le brevet de marquise. Par une galanterie toute royale, Louis XV l'avait fait partir de

Gand, le 11 juillet, jour où la ville venait d'être prise par le comte de Lowendal. Voltaire datait de la maison de madame de Pompadour les quatrains que lui suggérait cette coïncidence, et qu'on voudrait avec de la musique de Rameau pour les trouver supportables :

A Étioles, juillet 1745.

Il sait aimer, il sait combattre :
Il envoie en ce beau séjour
Un brevet digne d'Henri quatre,
Signé Louis, Mars et l'Amour.

Mais les ennemis ont leur tour ;
Et sa valeur et sa prudence
Donnent à Gand le même jour
Un brevet de ville de France.

Ces deux brevets si bien venus
Vivront tous deux dans la mémoire :
Chez lui les autels de Vénus
Sont dans le temple de la Gloire !

Louis XV et le Dauphin rentrèrent à Paris le 7 septembre. Les rues étaient tendues et pavoisées de la porte Saint-Martin jusqu'au Carrousel. La Reine, la Dauphine, Mesdames, les Princesses et toute la Cour attendaient au château des Tuileries, et s'avancèrent sur le haut de l'escalier, quand, vers cinq heures et demie, les carrosses se rangèrent au grand perron. La réunion fut émouvante ; le Roi embrassa la Reine ; le Dauphin embrassa tout le monde, y compris sa gouvernante et l'évêque de Mirepoix. Le Roi causa dans la galerie, debout, près de trois quarts d'heure ; puis il fut se déshabiller, et la Reine, ayant gardé quelque temps chez elle le Dauphin et la Dauphine, revint dans la galerie et tint publiquement son cavagnole. Le Roi ne reparut pas de la soirée.

Le lendemain matin, il fit en grande pompe sa visite à Notre-Dame, et, l'après-dînée, reçut les félicitations de la Ville, suivies du compliment des harengères. A la tombée de la nuit, on fut à l'Hôtel de Ville, en nombreux carrosses escortés des régiments de la Maison du Roi. Cinq appartements différents étaient préparés pour la Famille royale, qui devait être traitée par la Ville. Le feu d'artifice de la place de Grève, que Leurs Majestés virent de la croisée du milieu, précéda une demi-heure de musique des Petits-Violons, où fut exécuté un divertissement sur le *Retour du Roi,* terminé par des couplets de circonstance et le refrain : *Vive Louis ! Vive son Fils !* Le souper, dans la grande salle, ne commença guère avant dix heures. Le Roi et la Reine étaient seuls au bout d'une table de cinquante couverts, ayant, sur l'angle, à droite, M. le Dauphin, à gauche, Madame la Dauphine. Les autres places étaient, selon l'usage, uniquement occupées par des dames. On présente exactement cent plats. De bonnes symphonies rendirent moins pesante la longueur de cette cérémonie, qui dura plus de deux heures et demie.

Le reste de la Cour était servi en d'autres salles de l'Hôtel de Ville. On sut que madame de Pompadour avait commandé un fort beau souper dans une des chambres du haut, ayant auprès d'elle mesdames de Sassenage et d'Estrades, son frère et M. de Tournehem. Mais des honneurs plus significatifs lui sont accordés. Le duc de Gesvres, gouverneur de Paris, et M. de Marville, lieutenant général de police, qui allaient chez elle, les jours précédents, la mettre au courant des préparatifs de la fête, sont montés dans la soirée lui rendre leurs devoirs ; on y a vu M. de Richelieu et M. de Bouillon ; et le Prévôt des marchands, M. de Bernage, bien qu'il servît lui-même le Roi à table, a trouvé le moyen de quitter deux fois la grande salle, afin d'aller donner à la favorite des nouvelles du souper royal.

Le Roi rentra aux Tuileries à deux heures après minuit, ayant parcouru, selon la tradition, les rues illuminées de sa capitale. A peine levé, il reçut le remerciement de la Ville pour l'honneur qu'il lui avait fait la veille; l'après-dîner, il entendit les harangues des Cours souveraines et celle de l'Académie. La Reine et Mesdames eurent de la musique dans la galerie; la Famille royale se promena au jardin; il y eut cavagnole et grand couvert. Le lendemain, tout le monde partait pour Versailles, et le roi Stanislas arrivait de Trianon pour offrir à son tour des félicitations à son gendre.

Pendant les journées de fête officielles, toujours prévues et un peu monotones, les préoccupations de la Cour se rapportaient à l'événement dont on parlait depuis longtemps, la présentation de madame de Pompadour. On la savait prochaine et qu'il y serait donné un certain éclat. La vieille princesse de Conti crut devoir informer la Reine, aux Tuileries, que le Roi lui demandait de présenter cette dame, qu'elle ne connaissait même pas de vue. Elle désirait, disait-elle, que le Roi voulût bien changer de sentiment. Au fond, elle était moins fâchée de cette préférence qu'elle ne consentait à le paraître, car elle était sûre de voir promptement payées toutes ses dettes, la cassette royale ayant mainte façon de rémunérer les complaisances.

Le 10 septembre, à l'heure même où la Maison du Roi reconduisait à Versailles la famille royale, harassée de fêtes, de musiques et de harangues, un carrosse des Écuries amenait au Château, sans attirer la moindre attention, deux femmes qui l'habiteront désormais, la comtesse d'Estrades et la marquise de Pompadour. Celle-ci est montée tout droit à l'appartement préparé pour elle, dans l'attique au-dessus des Grands Appartements, et, dès le lendemain, le Roi y a soupé en tête à tête, sans que le chaperonnage de madame d'Estrades ait paru nécessaire. La comtesse a été, d'ailleurs, présentée le jour suivant, formalité aisée à remplir pour une femme bien née et qui n'intéresse que comme prélude à la cérémonie plus piquante que l'on attend.

La journée du mardi 14 satisfait la curiosité générale. Dans l'après-dîner, quelques personnes ont rencontré la nouvelle venue, conduite chez la duchesse de Luynes, dame d'honneur de la Reine, par une madame de la Chau-Montauban, née des Adrets, dont le mari est colonel d'un régiment du duc d'Orléans. La présentation doit avoir lieu à six heures. Toute la Cour est là, malveillante et moqueuse, pour juger les débuts de cette marquise improvisée, qu'on a entrevue aux fêtes de l'hiver sous son nom de bourgeoise. On se presse dans la Galerie, l'Œil-de-Bœuf et la chambre de parade. La princesse de Conti paraît la première, fend la foule et entre dans le cabinet du Roi, suivie de sa dame d'honneur et de trois autres dames en grand habit, étincelantes de diamants; ce sont mesdames de la Chau-Montauban, d'Estrades et de Pompadour. La princesse dit les phrases d'usage, et la marquise fait les trois révérences. Le Roi n'est pas sans quelque gêne, et l'embarras semble grand de l'autre côté. Après une courte conversation, les dames se retirent pour se rendre chez la Reine, puis chez le Dauphin et la Dauphine.

La duchesse de Luynes a retardé son départ pour Dampierre, afin d'être auprès de sa maîtresse en cette circonstance pénible et singulière. Lisons le récit de son mari, qui nous montre les dames, curieuses et médisantes, rassemblées dans la chambre de la Reine : « Il n'y avait pas moins de monde à la présentation chez la Reine; et tout Paris était fort occupé de savoir ce que la Reine dirait à madame de Pompadour. On avait conclu qu'elle ne pourrait lui parler que de son habit, ce qui est un sujet de conversation fort ordinaire aux dames, quand elles n'ont rien à dire. La Reine, instruite que Paris avait déjà arrangé sa conversation, crut, par cette raison-là même, devoir lui parler d'autre chose. Elle savait qu'elle connaissait beaucoup madame de Saissac. La Reine lui dit qu'elle avait vu madame de Saissac à Paris et qu'elle avait été fort aise de faire connaissance avec elle. Je ne sais si madame de Pompadour entendit ce qu'elle lui disait, car la Reine parle assez bas; mais elle profita de ce moment pour assurer la Reine de son respect et du désir qu'elle avait de lui plaire. La Reine parut assez contente du discours de madame de Pompadour, et le public, attentif jusqu'aux moindres circonstances de cet entretien, a prétendu qu'il avait été fort long et qu'il avait été de douze phrases. » On n'a remarqué qu'un seul incident : en ôtant son gant, pour prendre et baiser le bas de la robe de la Reine, la marquise, fort émue, l'a tiré de force et a brisé son bracelet, qui est tombé sur le tapis.

Cette journée difficile passée, les belles dédaignées peuvent se moquer à leur aise de l'intruse et débiter des horreurs sur sa famille; on assurera tant qu'on le voudra qu'elle n'a pas d'esprit, on jouera sur le nom de « la d'Étioles » en l'appelant « la Bestiole »; les envieux en seront pour leurs plaisanteries; il faudra que tous et toutes acceptent le fait accompli et s'inclinent devant cette loi toute-puissante qu'est la volonté du Roi. Il est malaisément supportable, à coup sûr, de voir une roturière investie d'un rôle qui a semblé, jusque-là, réservé à des femmes de haute naissance, et que, par un étrange renversement des idées morales, quelques-uns considèrent comme un des privilèges de leur caste. Mais la nouvelle maîtresse a désormais son rang, son titre, ses droits au milieu de l'ancienne noblesse.

Par la présentation qui vient d'avoir lieu, tout est réglé exactement d'une façon conforme aux usages de la société d'alors. Les courtisans, quels qu'ils soient, devront des égards à une personne distinguée par leur maître, et les plus sévères sur le chapitre des mœurs auront à respecter le rang d'une dame régulièrement présentée à Leurs Majestés. Marquise authentique de par le Roi, fixée auprès de lui par le logement accordé dans les châteaux, détachée de ses origines par le brevet qui change son nom et modifie sa condition légale, la petite bourgeoise de Paris est devenue dame de la Cour de France.

Pour le repos du Roi après une longue campagne militaire, comme pour l'isolement propice aux amours qui commencent, un « voyage », suivant le mot du temps, semble nécessaire. C'est à Choisy qu'on se rend. Cette maison royale a été achetée pour recevoir madame de Vintimille, et madame de Châteauroux y a triomphé. Ces souvenirs, qui ne troublent point le Roi, enivré de sa passion nouvelle, sont faits pour plaire à la marquise de Pompadour. On va d'ailleurs trouver Choisy complètement transformé, par des changements considérables ordonnés pendant l'été : l'appartement royal a été agrandi, la terrasse sur la Seine prolongée, et Gabriel bâtit un corps de logis qui coûtera cent mille écus. Parrocel a reçu, pour décorer la galerie, la commande d'une suite de batailles, rappelant les conquêtes de Louis XV en Flandre ; dans ce séjour favori de ses plaisirs, le Roi réunit, pour excuser ou ennoblir la vie qu'il y mène, les témoignages de ses exploits et de sa gloire.

Il a voulu avec lui tous les courtisans de son cercle intime, afin qu'ils se lient avec madame de Pompadour dans le particulier de ce séjour, où l'étiquette est beaucoup plus simple que celle des « grands voyages ». Elle y voit MM. de Richelieu, d'Ayen, de Meuse, de Duras, avec quelques combattants de la dernière campagne, que cette distinction récompense. Pour ses propres amis, la marquise a obtenu une grande faveur : les gens de lettres ont été appelés à Choisy et forment une réunion qu'on n'y reverra guère. Il y a Duclos, Voltaire, Gentil-Bernard, Moncrif, l'abbé Prévost; et tout ce monde, auquel se joint quelquefois Bernis, se réunit chez le comte de Tressan, qui leur donne à dîner dans sa chambre, où une table spéciale est servie par ordre du Roi.

Les femmes, peu nombreuses, ont été conviées seulement pour que la favorite ne fût pas seule. Ce sont mesdames de Lauraguais, de Sassenage et de Bellefonds; la princesse de Conti a supplié le Roi de la laisser faire sa cour à la Reine. Celle-ci, qui ne doit point venir et dont la présence n'est pas désirée, se trouve appelée à Choisy par un événement imprévu. Le Roi, à peine arrivé, ayant eu une fièvre assez violente, s'est fait saigner par La Peyronie, et la Reine demande aussitôt la permission de l'aller voir. Il répond qu'il la recevra avec plaisir et qu'elle trouvera un bon dîner au château, les vêpres du dimanche à la paroisse et le salut. Il l'accueille bien, paraît occupé qu'on lui fasse bonne chère et qu'on lui montre les embellissements. Toutes ces prévenances sont pour adoucir l'amertume qu'il lui a réservée : les dames de Choisy dînent avec la Reine, et madame de Pompadour est du nombre.

Quelques jours après, le roi Stanislas, qui ne se soucie point cependant de faire une nouvelle connaissance, se décide, sur la demande de sa fille, à annoncer sa visite. Cette fois, les choses se passent autrement, et on lui laisse voir franchement qu'il est importun. Quand il arrive à Choisy, le Roi, convalescent, est levé et joue dans sa chambre; à l'une des deux parties de quadrille est assise madame de Pompadour en habit de chasse. La présence du visiteur paraît gêner tout le monde. Au bout d'une demi-heure de conversation plus que languissante, il n'a qu'à se retirer, blessé de la réception glaciale de son gendre.

A peine revenu de Choisy, le Roi ordonne le voyage de Fontainebleau. Cette fois, toute la Cour le suit, le séjour devant durer les six semaines d'usage à chaque automne. C'est à Fontainebleau que se fait l'installation définitive de madame de Pompadour dans ses « fonctions ». Rien ne lui manque des avantages dont jouirent celles qui l'ont précédée. Elle occupe, au rez-de-chaussée, l'appartement qu'avait, au dernier voyage, madame de Châteauroux et qu'un escalier spécial fait communiquer avec celui du Roi. Dès les premiers jours, les soupers des Cabinets s'établissent et elle y préside. Avec les deux complaisantes ordinaires, mesdames de Sassenage et d'Estrades, viennent s'asseoir à la table royale la maréchale de Duras, la grosse Lauraguais et quelques princesses, madame de Modène, mademoiselle de Sens, la princesse de Conti. Celle-ci semble chaperonner la favorite d'à présent, comme faisait pour madame de Mailly mademoiselle de Charolais, ou pour madame de Châteauroux madame de Modène; c'est un service délicat, auquel l'auguste cousin n'est pas insensible.

Les jours où l'on ne soupe point dans les Cabinets, madame de Pompadour donne elle-même de petits soupers fort bons, grâce à un excellent cuisinier. Peu de femmes encore y paraissent, mais les hommes commencent à s'y presser. A côté de Moncrif et de Voltaire, et de l'abbé de Bernis, qui remplit maintenant aux yeux de tous son rôle de conseiller, les plus grands seigneurs se font inviter chez la marquise. Des amis prennent position pour la défendre. Par bonheur pour elle, elle a, comme tenant déclaré, l'homme de la Cour le plus spirituel et le plus mordant, le modèle du *Méchant* de Gresset, le duc d'Ayen, qui la soutient pour faire pièce à la princesse de Rohan, qu'il déteste ; et aussi, en ce même temps, elle se lie avec l'excellent prince de Soubise, gênant peut-être par ses prétentions militaires, au demeurant fort honnête homme et capable d'être un ami de toute la vie.

Le Roi ne quitte guère la marquise. Dès qu'il est levé et habillé, il descend dans son appartement, y reste jusqu'à l'heure de la messe, y revient ensuite et y mange un potage et une côtelette, ce qui lui tient lieu de dîner ; il cause avec elle jusqu'à cinq ou six heures, moment du travail avec les ministres. On les voit ensemble continuellement : quand le Roi va courre le cerf dans la forêt, il la mène dans son carrosse jusqu'à l'assemblée, habillée en amazone ; puis elle monte à cheval dans la suite de Mesdames, toutes très ardentes à partager le divertissement favori de leur père. Les jours de Comédie Italienne, le Roi la rejoint dans la loge grillée du haut du théâtre. Elle sort peu, sauf pour paraître exactement au cercle de la Reine, avec les autres dames, et petit à petit se faire accepter.

M. Poisson est à Fontainebleau, ce qui ne laisse pas que d'exciter de faciles railleries, le bonhomme ayant des façons vulgaires ; mais elle le voit ouvertement et sans en rougir, montrant qu'elle tient à remplir tous les devoirs d'une bonne fille envers un bon père. Quant aux grosses médisances, aux calomnies qui se chuchotent dans l'antichambre du Roi, elle n'en embarrasse pas son chemin. En somme, elle se conduit sagement, et l'opinion générale lui est plutôt favorable.

Le duc de Luynes se fait l'écho de ceux qui l'approchent, dans les notes précises de son journal : « Il paraît que tout le monde trouve madame de Pompadour extrêmement polie; non seulement elle n'est point méchante et ne dit de mal de personne, mais elle ne souffre pas même que l'on en dise chez elle. Elle est gaie et parle volontiers. Bien éloignée jusqu'à présent d'avoir de la hauteur, elle nomme continuellement ses parents, même en présence du Roi; peut-être même répète-t-elle trop souvent ce sujet de conversation. D'ailleurs, ne pouvant avoir eu une extrême habitude du langage usité dans les compagnies avec lesquelles elle n'avait pas coutume de vivre, elle se sert souvent de termes et expressions qui paraissent extraordinaires dans ce pays-ci... Il y a lieu de croire que le Roi est souvent embarrassé de ces termes et de ces détails de famille. »

Si l'entourage de la Reine montre aussi peu de malveillance pour madame de Pompadour, c'est que sa bonne grâce la distingue complètement des favorites antérieures. La Reine garde sur le cœur les avanies qu'elles lui faisaient subir, non moins que les duretés qu'elles inspiraient au Roi. Elle n'a pas oublié ces égards affectés qui cachaient mal le triomphe insolent de leur orgueil. A chaque instant, les lieux mêmes lui rappellent ses blessures d'autrefois; ne vient-elle pas de découvrir, dans la porte d'un de ses cabinets, des trous percés pour l'épier et pour entendre ce qu'on pouvait dire chez elle sur madame de Châteauroux ! Comment ne serait-elle pas sensible à ce respect délicat, point trop empressé mais sincère, à cette déférence sans relâche, finement observée par la nouvelle venue ? Celle-ci lui facilite l'exercice de son inépuisable charité et lui permet de satisfaire, sans trop de souffrance, le désir passionné qui lui reste de complaire au Roi.

La conduite de madame de Pompadour est, au fond, toute naturelle. Sa condition première ne lui donnant pas le point d'appui d'une famille et d'une coterie puissante, lui fait une nécessité de ménager tout le monde pour prendre le temps de s'affermir. Mais elle a aussi une bonté et une délicatesse instinctives qui lui rendent aisée, à l'égard de la Reine, l'attitude qu'elle a prise dès les premiers jours. Elle se permet d'envoyer, avec les plus humbles façons, de très beaux bouquets des fleurs qu'elle sait préférées de Sa Majesté. A la moindre incommodité dont on parle, elle demande des nouvelles à la dame d'honneur et s'exprime avec l'accent d'un intérêt véritable. Elle est vraiment fâchée de ne pouvoir assister, ayant été saignée la veille, à l'assemblée de charité qui se tient chez la Reine et pour laquelle elle a reçu un billet ; elle s'en excuse de la manière la plus empressée auprès de madame de Luynes, la priant de vouloir bien remettre à Sa Majesté un louis pour la quête.

Ce n'est pas seulement en paroles qu'elle montre son ardeur à plaire. Elle suggère au Roi des attentions dont l'épouse était depuis longtemps déshabituée. Elle obtient, par exemple, qu'il fixera le départ de Fontainebleau suivant les convenances de la Reine, et partira un jour plus tôt pour la bien recevoir à Choisy et lui offrir à dîner à son passage. En rentrant à Versailles, elle trouvera sa chambre royale embellie, la dorure nettoyée, le lit à quenouille mis à la duchesse, avec une étoffe couleur de feu, et toute une tapisserie nouvelle représentant des sujets de l'Écriture sainte. Bientôt la même influence se fera sentir sur un point plus important, celui où la générosité du Roi ne se montre guère : il paiera les dettes de la Reine, ce qu'il n'a pas fait depuis la naissance du Dauphin. Ce déficit de la charité montait seulement, depuis tant d'années, à quarante mille écus, et celle qui l'a fait combler a l'amabilité de dire à madame de Luynes « qu'elle n'a pas eu grand'peine à y décider le Roi ».

Ces procédés font honneur au bon cœur de madame de Pompadour, comme témoignent en faveur de son esprit les propos qu'elle se plaît à tenir et qui reviennent aux oreilles intéressées : « madame de Pompadour disait l'autre jour à madame de Luynes que, si la Reine l'avait traitée mal, elle en aurait été véritablement affligée, mais qu'elle ne s'en serait jamais plainte ; que, par conséquent, il n'était pas extraordinaire qu'elle profitât de toutes les occasions de parler des bontés que la Reine lui voulait bien marquer et qu'elle cherchât tous les moyens de lui plaire. Ces sentiments réussissent fort bien dans le public, et l'on remarque avec plaisir la politesse, l'attention, la gaieté et l'égalité d'humeur de madame de Pompadour. »

Une opposition pourtant se manifeste, car toute la Famille royale n'accepte pas aussi aisément que la Reine l'installation de la marquise à la Cour : « Il paraît, écrit encore notre témoin, qu'elle est fort satisfaite, non seulement de la Reine, mais même de Mesdames, qu'elle est aussi assez contente de la manière dont Madame la Dauphine la traite ; mais le silence, l'embarras et l'air sérieux de M. le Dauphin, quand il la voit, lui font de la peine. Cependant, elle ne s'en plaint point, et ce n'est que par ses amis qu'on peut le savoir. » Elle est assez fine cependant et assez avertie pour deviner, à cette attitude du Dauphin, d'où lui peut venir un jour un danger sérieux.

Ces dispositions du jeune prince n'ont rien d'inattendu. Il a vu des mêmes yeux, durant toute son adolescence, les premières maîtresses de son père ; ne transigeant point avec les principes qui lui ont été enseignés et qui font la règle de sa vie, il se sent humilié, comme fils et comme sujet, de la conduite du Roi. Ce qu'il sait des origines de madame de Pompadour et des idées qu'elle professe est fait pour lui inspirer une sorte de répugnance. Presque tous les hommes qui ont sur lui de l'autorité, et entre tous l'évêque de Mirepoix, l'entretiennent dans ces sentiments. Enfin, il est trop tendre fils pour ne pas souffrir des contacts imposés à sa mère, même s'il la voit consentir, à force de vertu et d'oubli d'elle-même, à les accepter sans se plaindre.

Le Dauphin s'est beaucoup développé durant l'année qui s'achève. Le mariage, la vie des camps, l'enthousiasme militaire l'ont transformé. Il a pris l'habitude de juger davantage par lui-même et de dire ses jugements. L'exemple du duc d'Ayen, qu'il a particulièrement fréquenté à l'armée, lui a donné une liberté de langage qui commence même à inquiéter la Reine ; il y a du moins gagné d'être un peu retiré de cette « enfance » persistante qui menaçait de durer toujours. Il ne se risquera plus aux juvéniles hardiesses qui lui ont si mal réussi au temps de madame de Châteauroux ; mais il attendra son heure et préparera l'assaut qu'il compte bien livrer, un jour prochain, à la nouvelle dame.

Il est une menace plus pressante, celle des moqueries et des rivalités de femmes. L'empressement de M. de Richelieu n'a pas duré longtemps ; il a trouvé, sans doute, madame de Pompadour moins docile qu'il ne l'espérait aux directions de son expérience. Sa nièce Lauraguais, à son tour, au profit de laquelle il avait eu des vues sur le Roi, se met en froid avec la favorite ; elle boude, se prétend malade pour ne point paraître aux soupers, et l'on dit que le Roi lui-même doit prendre la peine d'intervenir dans la brouille, pour raccommoder duchesse et marquise. C'est surtout par Richelieu et madame de Lauraguais qu'on sait ce qui se passe dans les intérieurs, le ton qui y règne, la gêne que causent au Roi certains propos de la favorite sentant encore la « grisette ». Ces propos se font rares cependant, et plus rares qu'on ne le dit ; mais il suffit d'un seul, bien authentique, pour alimenter longtemps les médisances. C'est chaque fois un piquant plaisir pour la princesse de Rohan, par exemple, femme de cour jusqu'au bout des doigts et femme d'esprit, malicieuse et mordante, qui chante la chanson comme un page et y ajoute au besoin les plus verts couplets.

M. de Maurepas, charmant et perfide, qui prend décidément parti contre toutes les maîtresses, exerce aux dépens de celle-ci sa verve méchante, colporte les gaucheries qu'on lui prête, singe ses révérences, ses façons vives, son ton décidé. Pour une épigramme, rimée ou non, dont le succès contre une femme est toujours sûr devant d'autres femmes, M. de Maurepas risquerait sa place de ministre ; mais il ne pense pas courir de tels dangers ; personne ne croit à l'avenir de la « caillette du

Roi », et l'on s'imagine que Sa Majesté se trouvera fort gênée d'avoir donné un brevet, le jour, probablement prochain, où passera son caprice de bourgeoisie.

Brusquement, dès le retour à Versailles, les choses se modifient et l'on commence à craindre que cette liaison puisse avoir des chances de durée et produire naturellement des conséquences politiques. Une des plus grosses charges de l'État change de titulaire, et c'est madame de Pompadour qui l'a voulu. Il s'agit du contrôle général des finances, que tenait avec une compétence reconnue et l'autorité d'une expérience de quinze ans, l'honnête Philibert Orry. Les frères Pâris ont rencontré souvent auprès de lui des difficultés pour passer et signer les marchés des entreprises qu'ils font pour les subsistances militaires. Ces amis de la marquise sont gens importants, avec lesquels comptent les généraux en temps de guerre et qui, assurant à eux seuls les approvisionnements, détiennent en leurs mains le sort des batailles. Ils se savent indispensables et veulent que, désormais, madame de Pompadour fasse exécuter leurs volontés sans de gênantes vérifications. Précisément, M. Orry a trouvé excessif leurs derniers prélèvements ; étant brutal et de parole rude, il l'a dit en termes peu obligeants, et MM. Pàris ont déclaré qu'ils ne feraient plus aucune affaire tant que le contrôleur général serait en place.

La marquise s'est mise au service de leur rancune et assiège le Roi de leurs récriminations. On reproche à Orry d'avoir imposé son jeune neveu Bertier de Sauvigny pour l'intendance de Paris ; on prétend qu'il assure à tort que l'état des finances ne permettra pas de continuer la guerre très longtemps. Le Roi, nullement mécontent d'un serviteur éprouvé, mais obsédé de plaintes, cède pour s'éviter l'ennui de les entendre. Toutefois, fidèle une fois encore aux conseils du cardinal de Fleury, ce n'est point un homme de madame de Pompadour qu'il nomme. Orry lui-même, invité à remettre ses charges pour prendre du repos, avertit le Roi, dans son audience, du danger qu'il y aurait à laisser ses finances à la disposition de certaines complaisances ; il lui fait choisir Machault d'Arnouville, l'habile intendant de Valenciennes, et s'offre à mettre ce successeur au courant des affaires. Ce dernier service rendu, il se retire dans sa maison de Bercy. La Cour et la Ville l'y vont visiter, moins par estime que pour protester contre les intrigues qui le renversent; mais ce renvoi de ministre, malgré les formes honorables dont on l'entoure, donne à penser à tous qu'il y aura quelque danger à faire opposition à la favorite, et qu'il sera bon d'être de ses amis.

On apprend précisément, coup sur coup, d'autres nouvelles, qui montrent jusqu'où va son crédit et ce qu'elle peut obtenir pour ceux qu'elle soutient. Pâris de Montmartel, qui se remarie, épouse mademoiselle de Béthune, fille du duc de Charost, capitaine des gardes du corps, et ce mariage va faire entrer le financier aux humbles origines dans une des plus nobles familles approchant le Roi. En même temps, la charge de directeur général des Bâtiments, laissée vacante par le départ d'Orry, qui la remplissait, est donnée à Le Normant de Tournehem, qui échange sa ferme générale contre cette haute fonction. C'est une véritable surintendance des arts, fort bien placée d'ailleurs entre ses mains, qui lui attribue la direction des commandes royales, des manufactures, des constructions et des embellissements des châteaux, qui l'amène au travail du Roi comme un ministre, qui le mêle à une quantité d'affaires, le rend serviable à beaucoup de gens et fera de lui, pour sa nièce, un des appuis les moins apparents et les plus sûrs.

Par la même décision royale, la survivance de cette charge est assurée au frère de madame de Pompadour, son « frérot », comme elle l'appelle, Abel Poisson, qui a vingt ans et paraît à la Cour sous le nom de M. de Vandières. Le jeune Vandières cheminera promptement dans le monde ; on le verra bientôt marquis de Marigny, « marquis d'avant-hier », dira la raillerie de Versailles, le jour où il prendra son titre, mais marquis tout de même et d'aussi bonne façon que la grande sœur.

C'est au milieu du triomphe de tous les siens, ayant pleinement assuré l'avenir de ses enfants, que disparaît la femme qui a mené de si loin cette aventure extraordinaire. Le 24 décembre 1745, madame Poisson, depuis assez longtemps malade, meurt à Paris, suffoquée d'une indigestion. A quarante-six ans, elle gardait quelque chose de cette beauté qui avait peut-être décidé de sa fortune et préparé, au degré suprême, celle de sa fille. Il était facile de souiller à plaisir cette mort, et la malignité publique n'y a point manqué. La marquise, qui n'a pas encore à ses ordres l'intendant de police et le « cabinet noir », ignore sans doute ces brocarts et ces chansons, qui rendraient plus amer son chagrin filial. Mais elle passe dans le deuil les derniers jours de l'année, ayant sans cesse auprès d'elle le Roi, attendri par ses jolies larmes. Il l'emmène à Choisy pour la distraire, avec très peu de monde, et soupe chez elle, comme en famille, en compagnie du « petit frère ». Il veut décommander Marly; mais elle-même déclare, paraît-il, « que la mort de sa mère n'est pas un événement assez important pour déranger la Cour, et que les dames qui ont fait de la dépense pour Marly auraient justes raisons d'y avoir regret ».

Cette condescendance, qu'on nous rapporte sans étonnement, cette grâce faite par la marquise aux dames de la Reine et aux duchesses à tabouret, prête quelque peu à sourire. Au reste, l'ironie d'un observateur indépendant aurait de quoi s'exercer à cette heure. N'est-ce point chose incroyable qu'une telle mort puisse changer les projets d'une Cour, troubler la vie du roi de France? Il y a mieux encore. La Reine a reçu, pour la première fois depuis bien des années, un présent du Roi pour ses étrennes, une magnifique tabatière d'or émaillé, sur laquelle est incrustée une petite montre. Elle a été extrêmement sensible à cette attention et l'attribue à la nouvelle influence. Elle serait moins touchée et moins heureuse, si elle savait que le bel objet, commandé par le Roi, a d'abord été destiné à feu madame Poisson.

CHAPITRE III

LA VIE A LA COUR

Le Carnaval de la Cour fut particulièrement joyeux en 1746. Les événements de l'année précédente avaient mis le Roi en bonne humeur. On lui trouvait l'air plus ouvert et s'intéressant à plus de choses. Il travaillait beaucoup avec ses ministres, surtout avec les d'Argenson. Les nouvelles de ses armées étaient heureuses : le maréchal de Saxe faisait le siège de Bruxelles et revenait, après son succès, recevoir de son maître le château de Chambord, et une couronne de lauriers du public de l'Opéra. M. de Richelieu préparait, sur les côtes de l'Artois, l'embarquement de troupes qu'on pensait envoyer en Écosse pour soutenir le prince Charles-Édouard contre les

Anglais. Il y avait toujours, autour de Louis XV, de nombreux projets militaires et des espérances de victoire.

La Cour s'animait par la présence d'une Dauphine et par l'achèvement de l'éducation de Mesdames aînées. Les deux princesses avaient désormais une dame d'honneur, une maison complète, le droit de jouer au jeu de la Reine, le devoir de paraître à toutes les fêtes et les moyens de tenir, avec tout l'éclat qu'il comportait, leur rang de Filles de France. Le Roi avait réglé qu'elles auraient quarante mille écus chacune pour leurs habillements et leurs menus plaisirs. Le renouvellement complet des garde-robes avait amené de fortes dépenses, madame de Tallard, le jour où prit fin l'éducation, ayant fait main basse, suivant la coutume, sur tous les objets à l'usage de Mesdames, y compris les tabatières qu'elles avaient dans leur poche. La respectable maréchale de Duras, née Bournonville, avait été nommée dame d'honneur de Madame. Ce titre de « Madame » était réservé à Madame Henriette, la jumelle de Madame Infante, mariée depuis sept ans déjà et dont l'exemple ne décidait point sa sœur. On parlait d'unir la sœur cadette, Madame Adélaïde, brune piquante de quatorze ans, de caractère fier et de sang vif, au prince de Piémont, fils du roi de Sardaigne. En attendant, se donnaient chez Mesdames des bals fort réussis, où tout le monde venait ; la Reine continuait, en ses appartements, ses concerts de musique choisie ; enfin, dans la salle du Manège, on représentait, avec l'opéra, de grands ballets allégoriques, devant la plus brillante assemblée qui fût en Europe.

Madame de Pompadour avait pris avec aisance la seule place qu'elle pût occuper encore dans cette Cour, celle de directrice et d'ordonnatrice des plaisirs. Le Premier gentilhomme en exercice s'empressait de rechercher ses conseils, et le programme des spectacles était décidé par elle. Nul ne s'étonnait qu'elle y fît triompher ses amis. Le grand succès de l'année, à Versailles comme à Paris, était le ballet de *Zéliska*, où le comédien Lanoue, qui en était l'auteur, avait mis en scène, le plus galamment du monde, une quantité de fées, de pâtres et de bergères, et dans lequel la musique des divertissements était composée par Jélyotte.

Le Roi, assez souvent indifférent, feignait, pour plaire à la marquise, de s'intéresser à ces petites questions de théâtre, auxquelles elle s'entendait si bien. A son tour, pour finir le carnaval, elle voulut l'accompagner au bal de l'Opéra, et lui rappela ainsi le singulier anniversaire dont les détails demeuraient leur secret.

Cette fois, la compagnie se trouvait nombreuse et tous les incidents de la soirée étaient racontés le lendemain. On sut que, le lundi gras, le Roi, ayant soupé dans ses Cabinets, fut à un bal de Versailles, qu'on appelait le Bal du Petit-Écu, puis alla prendre ses carrosses à la Petite-Écurie : « Il y en avait trois, et trois officiers à cheval ; point de gardes. Le Roi alla, dans ses carrosses, jusqu'au Pont-Tournant, où il trouva un carrosse à M. de Soubise et un de remise ; il y avait de dames avec le Roi, mesdames de Pompadour, d'Estrades, du Roure, et beaucoup d'hommes, entre autres le maréchal de Duras. Le Roi et sa compagnie s'arrangèrent comme ils purent dans les deux carrosses et arrivèrent à l'Opéra, où le Roi ne fut point reconnu, tout au plus par quelques personnes vers la fin du bal. En revenant, le carrosse de M. de Soubise, où était le Roi, cassa vis-à-vis de Saint-Roch ; toute la compagnie fut obligée de se servir du carrosse de remise; on le remplit tant qu'on put; les uns montèrent derrière et le maréchal de Saxe sur le siège jusqu'au Pont-Tournant, où le Roi trouva ses carrosses. Le Roi arriva ici à sept heures un quart, entendit la messe et se coucha; il ne se releva qu'à cinq heures du soir. Il alla au bal de Mesdames, dont madame de Tallard faisait encore les honneurs, conjointement avec madame de Duras. » Pendant ce temps, la reine Marie prenait part chaque jour aux prières publiques des Quarante-Heures, et le Roi, ayant reçu les cendres le mercredi matin, allait se recoucher et ne se relevait qu'à sept heures de l'après-dîner.

Cette vie de mouvement et de plaisirs, qu'interrompt à peine le saint temps du Carême et qui reprend ensuite, sous une nouvelle forme, avec les chasses forcenées et les voyages incessants, convient tout d'abord aux nerfs résistants de madame de Pompadour. Mais déjà les pièges de la Cour se multiplient, lui révélant la méchanceté et la bassesse, et lui faisant payer cher ses premiers triomphes. Ne voulant de mal à personne, elle est surprise de celui qu'on lui cause; elle souffre assez vivement des perfidies qui lui sont faites et qui tendent à travestir ses sentiments.

Madame de Tallard a été des plus empressées à la flatter et à gagner ses bonnes grâces; il s'agit pour cette dame d'obtenir qu'on lui conserve un titre qui l'attache pour toujours à Mesdames. Madame de Pompadour, sollicitée, accepte d'en parler au Roi. Mais une autre démarche, qui montre bien le rôle qu'elle joue déjà auprès de la Famille royale, vient l'arrêter dans son zèle : Madame Henriette, qui ne veut plus de sa gouvernante, s'adresse à la favorite, de son côté, pour le faire savoir à son père. Madame de Pompadour ne peut hésiter, et transmet naturellement la seconde requête. Madame de Tallard, qui l'apprend, invente, pour se venger, une histoire de femme de chambre à nommer chez la Dauphine; il circule par ses soins un billet anonyme qui compromet la marquise, en laissant croire qu'elle veut avoir cette place pour une de ses créatures, afin de faire espionner les princes à son profit.

Très émue de cette « noirceur épouvantable », madame de Pompadour demande audience au Dauphin et à la Dauphine, et se justifie, preuves en main, des infamies qu'on lui a prêtées. Comme il lui est plus difficile d'être admise auprès de la Reine, qu'elle suppose trompée également, c'est madame de Luynes qu'elle va trouver et qu'elle supplie de savoir si la Reine ajoute foi à ces « horreurs ». Nous gagnons à cette alerte deux billets admirablement significatifs, dont le premier est la réponse de la dame d'honneur : « Je viens de parler à la Reine, Madame ; je l'ai suppliée avec instance de me dire naturellement si elle avait quelque peine contre vous ; elle m'a répondu du meilleur ton qu'il n'y avait rien et qu'elle était même très sensible à l'attention que vous avez de lui plaire en toutes occasions ; elle a même désiré que je vous le mandasse. »

La marquise envoie aussitôt son remerciement : « Vous me rendez la vie, Madame la Duchesse ; je suis depuis trois jours dans une douleur sans égale, et vous le croirez sans peine, connaissant comme vous le faites mon attachement pour la Reine. On m'a fait des noirceurs exécrables auprès de M. le Dauphin et de Madame la Dauphine ; ils ont eu assez de bonté pour moi pour me permettre de leur prouver la fausseté des horreurs dont on m'accusait. On m'a dit, quelques jours avant ce temps, que l'on avait indisposé la Reine contre moi; jugez de mon désespoir, moi qui donnerais ma vie pour elle, dont les bontés me sont tous les jours plus précieuses. Il est certain que plus elle a de bontés pour moi, et plus la jalousie des monstres de ce pays-ci *seront* occupés à me faire mille horreurs, si elle n'a la bonté d'être en garde contre eux et vouloir bien me faire dire de quoi je suis accusée; il ne me sera pas difficile de me justifier. La tranquillité de mon âme à ce sujet m'en répond. J'espère, Madame, que l'amitié que vous avez pour moi et plus encore la connaissance de mon caractère vous seront garants de ce que je vous mande. Sans doute je vous aurai ennuyée par un si long récit, mais j'ai le cœur si pénétré que je n'ai pu vous le cacher. Vous connaissez mes sentiments pour vous, Madame; ils ne finiront qu'avec ma vie. »

Il n'y a aucune raison pour suspecter, sous les flatteries du mauvais style, la sincérité des sentiments. La marquise, toutefois, attend quelque récompense de ses attentions bien reçues et de ses empressements. Les paroles bienveillantes ne lui suffisent pas; elle voudrait recueillir quelqu'une de ces distinctions d'étiquette dont elle a besoin pour ressembler parfaitement aux autres dames de la Cour. A la cérémonie de la Cène, par exemple, qui a lieu le jeudi saint, quinze dames sont nommées par la Reine pour l'aider dans ses habituelles fonctions et lui présenter les plats qu'elle sert elle-même aux douze petites filles pauvres, de qui elle a d'abord lavé les pieds. Madame de Pompadour, croyant l'occasion bonne de se glisser, sous couleur de charité, auprès de la Reine, écrit à madame de Luynes que, si Sa Majesté a besoin d'une dame pour porter ses plats, elle s'offre avec grand plaisir, étant flattée de tout ce qui pourrait lui prouver son respect. La Reine la fait remercier de façon aimable, l'assurant qu'elle aura le mérite de sa démarche sans en avoir la peine, le nombre des dames suffisant à la cérémonie.

La marquise espère mieux réussir pour la quête du jour de Pâques; mais elle s'y prend mal et semble forcer la main : « Il y a deux ou trois jours que madame de Luynes rencontra madame de Pompadour dans l'Appartement; madame de Pompadour lui dit : « Tout le monde dit que je quêterai le jour » de Pâques. » Madame de Luynes lui répondit qu'elle n'en avait point entendu parler à la Reine. Madame de Luynes rendit compte aussitôt à la Reine de ce propos. La Reine a jugé que ce désir de quêter venait plutôt de madame de Pompadour que du Roi, lequel pourrait peut-être trouver lui-même qu'il ne serait pas trop décent que madame de Pompadour quêtât ; ainsi la Reine nomma hier madame de Castries pour quêter dimanche. » C'est la conscience religieuse de la Reine qui s'est trouvée offensée en cette affaire, et l'on sait que de ce côté elle ne transige jamais ; la favorite, experte dans toutes les délicatesses, ignore celles qui se rattachent à ces sentiments.

Malgré ces petits échecs qui la montrent un peu trop pressée, elle ne se décourage en rien. Le duc de Luynes conte une anecdote sur les carrosses de la Reine, dans lesquels madame de Pompadour s'obstine à vouloir monter au moins une fois : « Cette proposition n'a pas été trop bien reçue ; madame de Luynes a cherché à adoucir autant qu'il lui a été possible la peine qu'elle faisait à la Reine, et a pris la liberté de lui représenter que, lorsque madame de Pompadour lui demandait une grâce, on pouvait être sûr que c'était de l'agrément du Roi ; qu'ainsi ce n'était point de la personne de madame de Pompadour qu'il s'agissait, mais de la personne même du Roi, et que, par conséquent, ce serait une occasion de plaire au Roi, dont la Reine profiterait. A ces réflexions on aurait pu en ajouter une dernière, *si la Reine avait été disposée à l'entendre*, c'est que madame de Pompadour cherche en toute occasion, non seulement à donner des marques de son respect à la Reine, mais même tout ce qui peut lui être agréable. Madame de Luynes a diminué autant qu'il lui a été possible le désagrément du refus, en lui disant que la Reine ne mène que deux carrosses; que par conséquent il n'y a que douze places, parce que Mesdames vont avec la Reine; que si cependant quelqu'une des dames qui doivent suivre la Reine manquait, comme par exemple madame de Villars, madame de Pompadour aurait une place. La Reine a consenti à cet adoucissement. »

La bonne Reine s'est impatientée visiblement d'une insistance vraiment indiscrète; mais, comme elle se repent vite et quelle hâte chrétienne à réparer! Non seulement elle nomme madame de Pompadour pour une place devenue vacante dans les carrosses;

mais, ayant dans son grand cabinet un dîner de dames un peu nombreux, elle lui fait dire de venir dîner avec elle. Madame de Pompadour s'empresse, reconnaissante, ravie, orgueilleuse plutôt qu'humiliée d'être la seule de toutes ces dames qui n'ait point de charge à la Cour. Elle est d'ailleurs, en tout temps, d'une aisance parfaite, prenant sa place partout sans embarras, et un témoin nous la fait voir, à ce moment, chez la Reine, dans une attitude qui paraît à l'honneur des deux femmes: « Elle jouait toujours au jeu de la Reine, y étant avec beaucoup de grâce et de décence; et je remarquai que, l'heure étant venue d'aller aux Petits Cabinets, elle demandait la permission de quitter le jeu à la Reine, qui lui disait avec bonté : « Allez! » Belle remarque à faire en philosophe et en chrétien sur tout cela. »

Les soupers des jours de chasse n'avaient presque jamais lieu maintenant dans les Cabinets du Roi. C'était chez la favorite qu'on se réunissait trois ou quatre fois par semaine; rien ne marquait mieux la place prise par elle, que de voir transporté dans son propre appartement cette sorte de rite établi par le

Roi chasseur et qui créait autour de lui, à côté de la grande représentation, comme un cercle familier et choisi.

Pendant ces soupers, Louis XV s'humanisait un peu, s'intéressait au moins par une parole aux affaires de chacun, écoutait la plaisanterie des hommes d'esprit et daignait sourire. La faveur était grande d'y être nommé et la liste, toujours assez courte, dépendait du caprice du moment. Les courtisans les plus importants guettaient anxieusement, au débotter dans le cabinet, le regard du maître, pour être vus de lui l'instant où il songeait à désigner les convives. Il valait la peine d'y penser, car avec le Roi les absents avaient toujours tort, et c'était beaucoup qu'il eût aperçu à ses côtés, dans la familiarité d'un souper, le visage de l'homme qui sollicitait un cordon ou un commandement. Les plus honnêtes gens ne dédaignaient point les petits moyens pour se faire mettre sur la liste, et l'on commençait d'ordinaire par le demander à madame de Pompadour, qui prenait une occasion favorable pour rappeler au Roi le nom et la requête.

Un des témoins les moins connus et les plus véridiques de la Cour de Louis XV, le prince de Croÿ, plus tard duc de Croy et maréchal de France, alors tout jeune colonel au régiment Royal-Roussillon-Cavalerie, ne manquait point de passer à la Cour la plus grande partie de son temps, entre ses campagnes militaires. C'était un homme d'une intégrité irréprochable, comme ses Mémoires l'attestent amplement; mais, ne vivant pas à la Cour, il y avait chance que le Roi l'oubliât, ainsi que tant d'autres, s'il ne faisait parler de lui. En effet, quoique son rang lui donnât droit de chasser avec Sa Majesté, il était un des rares chasseurs qui ne soupaient jamais. Bien qu'il lui en coûtât un peu, au début, d'agir par madame de Pompadour, il n'hésita pas trop longtemps à recourir à elle. Il trouvait la femme « charmante de caractère et de figure », ce qui diminuait beaucoup l'humiliation d'être son obligé; voulant souper avec le Roi, sachant « qu'on n'y avait accès que par la marquise », il se décida à prendre la voie qu'il fallait pour réussir.

Le beau-père du jeune officier, le maréchal d'Harcourt, l'a un jour présenté à la dame, à sa toilette; mais on n'a pas fait attention à lui. Il s'adresse donc aux Pâris, avec qui il est bien, et à M. de Tournehem. M. de Montmartel le recommande à son amie, qui le lendemain porte les yeux sur lui : l'examen étant satisfaisant, on promet à Montmartel de parler au Roi. Enfin, un soir de janvier, ayant chassé comme à l'ordinaire, M. de Croÿ est, avec les autres courtisans, devant la porte du petit escalier ; l'huissier lit la liste et les élus montent à mesure qu'ils sont appelés, laissant derrière eux la foule humiliée des refusés. Après une courte anxiété, le prince a la joie d'entendre son nom, et le voilà à son tour dans ces Cabinets de Versailles, où sa première entrée sera une des grandes dates de sa vie. Ce qu'il y a vu et noté, il l'a dit avec tant de précision qu'il n'y a qu'à lui laisser la parole, sans rien changer au style de ce gentilhomme, habitué à causer la plume à la main et sans autre prétention que de parler clair :

« Étant monté, l'on attendait le souper dans le petit salon ; le Roi ne venait que pour se mettre à table avec les dames. La salle à manger était charmante et le souper fort agréable, sans gêne ; on n'était servi que par deux ou trois valets de la garde-robe, qui se retiraient après vous avoir donné ce qu'il fallait que chacun eût devant soi. La liberté et la décence m'y parurent bien observées ; le Roi était gai, libre, mais toujours avec une grandeur qui ne le laissait pas oublier ; il ne paraissait plus du tout timide, mais fort d'habitude, parlant très bien et beaucoup, se divertissant et sachant alors se divertir. Il paraissait fort amoureux de madame de Pompadour, sans se contraindre à cet égard, ayant toute honte secouée et paraissant avoir pris son parti, soit qu'il s'étourdît ou autrement, ayant pris le sentiment du monde là-dessus, sans s'écarter sur d'autres, c'est-à-dire s'arrangeant des principes (comme bien des gens font) suivant ses goûts ou passions. Il me parut fort instruit des petites choses et des petits détails sans que cela le dérangeât, ni sans se commettre sur les grandes choses. La discrétion était née avec lui ; cependant on croit qu'en particulier il disait presque tout à la marquise. En général, suivant les principes du grand monde, il me parut fort grand dans ce particulier, et tout cela fort bien réglé.

» Je remarquai qu'il parla à la marquise en badinant sur sa campagne, et comme réellement voulant y aller au 1er mai. Il m'a paru qu'il lui parlait fort librement en maîtresse qu'il aimait, mais dont il voulait s'amuser et qu'il sentait qu'il n'avait que pour cela, et elle, se conduisant très bien, avait beaucoup de crédit, mais le Roi voulait toujours être maître absolu et avait de la fermeté là-dessus... Il me paraissait que le particulier des Cabinets... ne consistait que dans le souper et une heure ou deux de jeux après le souper, et que le véritable particulier était dans les autres Petits Cabinets, où très peu des anciens et des intimes courtisans entraient. Le Roi était, comme j'ai dit, fort d'habitude, aimant ses anciennes connaissances, ayant de la peine à s'en détacher et n'aimant pas les nouveaux visages ; et c'est, je crois, à cette humeur constante et d'habitude que plusieurs devaient la durée de leur apparente faveur, car, hors les véritables intimes dans le petit intérieur, les autres n'avaient, je crois, que très peu ou point de crédit.

» Nous fûmes dix-huit serrés à table, à savoir, à commencer par ma droite et de suite : M. de Livry, madame la marquise de Pompadour, le Roi, madame la comtesse d'Estrades, la grande amie de madame de Pompadour, le duc d'Ayen, la grande madame de Brancas, le comte de Noailles, M. de la Suse, dit le Grand Maréchal, le comte de Coigny, la comtesse d'Egmont, M. de Croissy, dit Pilo, le marquis de Renel, le duc de Fitz-James, le duc de Broglie, le prince de Turenne, M. de Crillon, M. de Voyer d'Argenson et moi. Le maréchal de Saxe y était, mais il ne se mit pas à table, ne faisant que dîner, et il accrochait seulement des morceaux, étant extrêmement gourmand. Le Roi, qui l'appelait toujours comte de Saxe, paraissait l'aimer et l'estimer beaucoup, et lui y répondait avec une franchise et une justesse admirables. Madame de Pompadour lui était tout à fait attachée. On fut deux heures à table avec grande liberté et sans aucun excès. Ensuite le Roi passa dans le petit salon; il y chauffa et versa lui-même son café, car personne ne paraissait là et on se servait soi-même. Il fit une partie de comète avec madame de Pompadour, Coigny, madame de Brancas et le comte de Noailles, petit jeu; le Roi aimait le jeu, mais madame de Pompadour le haïssait et paraissait chercher à l'en éloigner. Le reste de la compagnie fit deux parties, petit jeu. Le Roi ordonnait à tout le monde de s'asseoir, même ceux qui ne jouaient pas; je restai appuyé sur l'écran à le voir jouer; et madame de Pompadour le pressant de se retirer et s'endormant, il se leva à une heure et lui dit à demi-haut (ce me semble) et gaiement : « Allons! » allons nous coucher ». Les dames firent la révérence et s'en allèrent, et lui fit aussi la révérence et s'enferma dans ses Petits Cabinets ; et nous tous, nous descendîmes par le petit escalier de madame de Pompadour où donne une porte, et nous revînmes par les appartements à son coucher public à l'ordinaire, qui se fit tout de suite.

» Ainsi se passa la première fois que je soupai dans les Cabinets à Versailles, et tout cela m'ayant paru simple et bien suivant le grand monde, et que je pouvais en être sans me mêler ni rien faire de mal, je résolus de m'y attacher assez et de faire ce qu'il faudrait pour y être admis de temps en temps..., et de ne m'y pas trop abandonner non plus, pour ne m'y pas laisser emporter au torrent. »

Une des choses qui apparaissent le mieux par ce récit, c'est la facilité que les intérieurs de Versailles donnent au Roi pour s'isoler. Au-dessus de sa chambre à coucher et des Cabinets qui y font suite, règnent plusieurs étages de petites pièces et d'entresols s'éclairant par d'étroites cours ignorées du public et sur lesquelles ne donne aucun logement privé. Ce sont proprement les Petits Cabinets ou Petits Appartements, comme les désignent, le plus souvent par ouï-dire, les divers Mémoires de l'époque. Ces Petits Cabinets, d'une distribution compliquée, véritable labyrinthe d'escaliers et de couloirs enchevêtrés, jouent un grand rôle dans la vie de Louis XV. C'est là qu'il a sa bibliothèque, ses cartes de géographie, son tour, ses cuisines, ses confitureries, ses distilleries, une salle de bains et même sur une des terrasses supérieures, des jardins et des volières. La décoration est partout fort soignée ; les sculptures ont été proportionnées au peu de hauteur et plus souvent vernissées que dorées. La principale pièce est la « petite galerie des Petits Appartements », peinte en vernis Martin, voisine d'un « cabinet vert » réservé aux jeux, et ornée de tableaux représentant des chasses d'animaux sauvages, par Lancret, Pater, De Troy, Carle Van Loo, Parrocel et Boucher.

Dans ces « réduits délicieux », comme les nomme un contemporain, Louis XV se trouve vraiment chez lui, autant que pourrait l'être un simple particulier. En ce coin de Versailles, qu'il s'est réservé de préférence et qu'il dispose à son goût, il est sûr de n'être jamais dérangé. Il n'y convie que fort rarement ses enfants eux-mêmes. Une telle solitude a ses inconvénients, qui résultent de la multiplicité des escaliers, des issues difficiles à garder et du petit nombre des gens de service; plusieurs fois des étrangers s'y introduisent et s'avancent par mégarde jusqu'à la pièce où est le Roi. Mais les commodités sont considérables pour mainte circonstance de la vie quotidienne; et, tout d'abord, les passages des Petits Cabinets permettent à Louis XV de se rendre, à toute heure et à l'insu de tous, chez madame de Pompadour.

La marquise est logée à peu de distance de ces Petits Cabinets, à la même hauteur, sous les toits, du côté du Parterre du Nord. Bien que l'appartement soit à une centaine de marches au-dessus des cours, il n'est dédaigné par personne; c'est celui dont madame de Châteauroux s'est contentée, et plus tard il doit être habité par M. de Richelieu. Le Roi a eu peu de chose à faire changer pour y loger ses nouvelles amours, et le meuble ancien y est resté.

Par une circonstance singulière, ce premier

appartement de madame de Pompadour se trouvera conservé à peu près intact dans sa disposition ancienne, alors que tous les étages supérieurs des Petits Cabinets auront disparu. On le reconnaît, des jardins, aux neuf fenêtres qui font suite à celles de l'attique du salon de la Guerre. La vue fort étendue qu'on a de cet appartement y ajoutait le plus grand charme; au-dessus des arbres du parterre qu'on dominait, à peu près aussi élevés alors que ceux qui les remplacent aujourd'hui, l'horizon était borné par la forêt de Marly, qui rappelait au Roi et à ses invités leurs prouesses de chasseurs.

On entre par une vaste antichambre, dont la cheminée porte une glace de style Louis XIV et qui donne accès, à droite sur la chambre à coucher, à gauche sur une pièce à large alcôve, comme en présentent souvent les salles à manger de l'époque; le voisinage d'un petit réchauffoir dallé de marbre montre que c'est bien là qu'il faut évoquer les soupers les plus intimes de Louis XV. Dans la chambre à coucher, la boiserie, d'un dessin élégant et simple, est formée de grands panneaux à coquille, dans le goût de Verberckt; l'alcôve, au cintre couronné d'un écusson fleuri, s'ouvre entre deux cabinets munis d'armoires. En ce sanctuaire des grâces, que le hasard des temps a respecté, on se figure volontiers la cérémonie de la toilette : tous les hommes de la Cour et les femmes les plus brillantes montant chez madame de Pompadour vers une heure de l'après-midi ; chacun désireux de s'y montrer, fier d'y apporter les nouvelles, de dire une parole qui soit remarquée et qui ait chance d'être répétée au Roi ; enfin, suivant le mot d'un habitué de ces jolies heures, « la marquise entourée à sa toilette comme une reine », et régnant en effet, par le prestige de sa faveur et aussi par sa beauté, son à-propos et son esprit.

Tels sont les lieux où se passe, à Versailles, la plus grande partie de la journée du Roi et de madame de Pompadour, pendant les premières années de leur liaison, celles où le lien de la passion n'a pas fait place encore à la chaîne de l'habitude. Le décor des Petits Cabinets, comme celui de l'appartement de la maîtresse, révèlent leur vie somptueuse et retirée. Nul ne pénètre dans ces parties du Château, quand le Roi s'y trouve. Pour une affaire urgente, les ministres écrivent; ils ne sont reçus que s'ils ont à amener un courrier de grande importance ; hors ce cas, les garçons bleus, qui font le service intérieur, n'introduisent jamais personne.

Quelle puissance donnée à la femme par ces longues heures de tête-à-tête, et quel champ ouvert à l'ingéniosité de son esprit! C'est alors seulement que le Roi est à l'aise auprès d'un être aimable, qui le devine, le distrait, l'intéresse, combat son pitoyable ennui par l'activité d'une fantaisie jamais lassée, par des projets sans cesse variés de spectacles, de fêtes, de jeux, de voyages et de constructions. La marquise connaît tous les bons écrivains de France et peut réciter des scènes entières de comédie. D'autres fois, après s'être risquée à parler affaires, à servir un protégé, quand le front royal se rembrunit, elle se met au clavecin, chante l'opéra en vogue ou l'une de ces simples chansons du temps, fraîches et joyeuses, qui conviennent aux harmonies délicates de sa voix.

Le sentiment n'est point absent de ces causeries, avec les nuances de discrétion et de respect qui plaisent au Roi. Cependant la façon d'aimer de madame de Pompadour, pour sincère et passionnée qu'elle soit, ne va pas sans le désir de dominer son maître. Une des raisons qui exaltent sa joie vient de ce qu'elle a résolu, en partie du moins, ce difficile problème; mais personne, hormis son entourage domestique le plus étroit, ne sait au prix de quelles luttes et de quels efforts, et avec quelles anxiétés du lendemain. Le Roi est lié par l'accoutumance, et ce trait de son caractère est connu de tout ce qui l'approche; il peut supporter indéfiniment les gens, s'ils lui sont utiles, mais aussi par des coups brusques et inattendus il frappe sans ménagement ceux à qui il faisait bonne figure. Il faut que la favorite ne perde pas un instant le souci de plaire, que toutes ses paroles, ses actes, ses gestes soient pour charmer, et que le charme se renouvelle et se rajeunisse, car on n'est pas sûr d'agir deux fois par les mêmes moyens et, chez de tels hommes, la rupture est prompte et sans retour.

La beauté de madame de Pompadour, cette beauté dont elle est vaine et qu'elle veut entendre louer, n'a, en vérité, rien d'exceptionnel, rien qui l'assure d'un triomphe constant. Ses insomnies, ses nerfs aisément troublés et l'effort qu'elle fait pour les dominer, les indispositions qui altèrent souvent son teint, rendent l'attrait toujours fragile du plaisir plus fragile encore et plus incertain. Pour livrer sa bataille journalière, pour vaincre au moins par la surprise, et tenir en éveil une imagination blasée, elle doit parer ses grâces d'attifements rares et imprévus, de même que son logis s'encombre des curiosités les plus singulières, des futilités charmantes que multiplie l'art de l'époque et qu'elle ne manque jamais d'acquérir en leur nouveauté.

Pendant bien des années, elle ne parle guère au Roi des choses du gouvernement; elle ne les aperçoit, il est vrai, que sous la forme des hommes, agréables ou antipathiques, qui les dirigent. Elle semble aussi considérer la politique comme une rivale qui lui enlève trop souvent l'amant qu'elle chérit et qu'elle voudrait posséder sans partage. A ce moment de sa vie, son ambition est surtout au service de son amour. Tout le temps qu'elle sacrifie est occupé à se créer une force, à se faire des amis, à récompenser les concours qui s'offrent, à conquérir ceux qui se refusent; elle lutte pied à pied, et heure par heure, contre les influences ennemies, les calomnies, les insinuations; elle reprend le Roi presque chaque jour, parce que presque chaque jour il se détache, et veille enfin à ce que tout ce qui avoisine le maître soit à elle, ou du moins ne travaille pas contre elle.

Ce rôle, soutenu avec tant de persévérance, avec tant d'efforts et parmi tant de périls, lui vaudra une récompense, non peut-être celle qu'elle eût choisie, car l'amour du Roi, un instant conquis avec ses sens, lui échappera avec eux, mais celle que tant de femmes lui envieront davantage : elle quittera son appartement « d'en haut », pour n'être plus que fort peu de temps maîtresse du Roi, mais pouvant déjà se croire maîtresse de la France.

Le 2 mai 1746, Louis XV se rendit à l'armée de Flandre, renonçant, pour cette campagne à prendre avec lui le Dauphin. Le jeune prince allait être père, et l'heureux événement qu'on attendait devait ramener le Roi au bout d'un mois à peine. Cette année, ce ne fut plus un château de famille, mais une maison royale, qui abrita madame de Pompadour pendant l'absence. On avait fait, quelques jours auparavant, un court voyage à Choisy, afin d'y arrêter les arrangements de séjour ; les adieux y furent d'autant plus tendres, qu'on remarquait chez la jeune femme une altération particulière de santé, qui semblait comporter des suites. Quelles qu'en fussent les causes, il suffit de penser combien la marquise, surmenée par ce premier hiver de Versailles, devait avoir besoin de ce repos à la campagne dont elle avait pris l'habitude en sa vie bourgeoise.

Le Roi lui avait demandé, en partant, de vivre à Choisy dans la retraite, et d'en sortir seulement pour aller faire de temps en temps sa cour à la Reine. Elle pouvait, il est vrai, recevoir quelques dames à demeure, et les visites ne devaient point lui manquer. On lui laissait, de plus, un présent vraiment royal, et l'occasion d'occuper par des projets le temps de la solitude : « Lundi matin, écrit le duc de Luynes, madame de Pompadour partit avec M. de Montmartel et M. de Tournehem pour aller à Crécy. C'est un très beau château, bien meublé, avec une terrasse que l'on dit avoir coûté cent mille écus ; c'est une terre qui vaut vingt-cinq mille livres de rente... Le Roi l'a acheté pour madame de Pompadour, en cas que le lieu et le séjour lui convinssent ; elle en paraît extrêmement contente, et fait déjà des arrangements pour la personne du Roi, comptant qu'il ira faire des voyages. » Rien ne convenait mieux à la marquise que d'avoir une terre à elle, et celle de Crécy, toute voisine de Dreux, ne l'éloignait pas trop de Versailles. Une entente avec Montmartel permit à la nouvelle propriétaire de paraître payer elle-même cette acquisition, qui allait être la première de tant d'autres.

Le Roi revient pour les couches de la Dauphine. Elles se font attendre et sont mauvaises : une fille naît le 19 juillet et, trois jours après, meurt la mère. Cette pauvre princesse, dont la destinée a été si courte, sera vite oubliée; seul le mari restera fidèle à sa mémoire, même dans un second mariage, et demandera, par ses volontés dernières, que son cœur soit mis à Saint-Denis, auprès du cercueil de celle qui a eu son premier amour. Nul autre que lui, à Versailles, ne se souviendra de l'Infante aux yeux bleus, aimante et timide, dont un portrait de Tocqué a fixé la douce image sans beauté. Personne ne parlera plus d'elle, après le trouble qui émeut la Cour, met en larmes la Famille royale, rassemble la Faculté pour l'ouverture du corps, cause un évanouissement à madame de Lauraguais auprès du cadavre, et fait défiler, dans les longues galeries tendues de noir, la foule qui va visiter la chapelle ardente.

La Famille royale se retire à Choisy, bien que le château soit plein d'ouvriers. Mais Trianon est trop petit, Meudon sans meubles, Compiègne et Fontainebleau très éloignés; Marly rappelle les malheurs arrivés en 1712, la mort du duc de Bourgogne, six jours après sa femme, souvenirs tragiques qui ont frappé le Roi. Il a distribué les appartements de Choisy un peu en hâte; la Reine a le plus beau, le Dauphin le plus retiré, et madame de Pompadour a dû céder à une dame de la Reine celui qu'elle occupait. Dans ce séjour des plaisirs du Roi, la vie devient d'une telle tristesse que tout le monde s'ennuie à périr. Le jeu, qui fait toujours la grande ressource, manque et les soirées semblent sans fin: « La table des dames et des hommes se sert en bas à dix heures un quart. Madame de Pompadour y est toujours à dîner et à souper. Vers minuit, le Roi vient à l'endroit où se tient toute la compagnie. Il s'assied auprès de madame de Pompadour; il fait la conversation avec elle et avec tout le monde, jusqu'à une heure ou une heure un quart qu'il va se coucher. » On remarque qu'il a mauvaise mine, et quelques-uns vont jusqu'à craindre « un mouvement de bile et d'humeur pareil au commencement de la maladie de Metz, dont l'époque ne peut s'oublier ».

Une seule affaire a mis en émoi les esprits et fourni matière à des conversations passionnées. C'est la question de « l'eau bénite », qu'il a fallu résoudre à propos des obsèques de la pauvre princesse. A la cérémonie d'usage, les Rohan et les Bouillon parviendront-ils à faire reconnaître leur prétention de jeter l'eau bénite sur le corps avant les ducs? Cette préséance leur est ardemment disputée. Le Roi a décidé que, en cas de rencontre de ces messieurs et des ducs dans la chambre du corps, les honneurs ne seraient rendus à personne, et que ni les uns ni les autres ne jetteraient d'eau bénite; mais les dames qui accompagnent Mesdames, parmi lesquelles il y a des duchesses, font remarquer qu'elles vont se trouver dans l'obligation d'entrer dans la chambre; et les duchesses réclament leurs prérogatives.

La duchesse de Duras, dame d'honneur, a

échangé des mots très vifs avec M. de Dreux, maître des cérémonies, peu porté pour les intérêts des ducs ; il a été jusqu'à dire que, si la duchesse se présentait, en même temps que la princesse de Turenne (Bouillon), il lui arracherait le goupillon des mains! Après cette algarade, M. de Bouillon est venu voir madame de Duras, l'assurant fort poliment que les difficultés tombent d'elles-mêmes pour ce qui la concerne, puisqu'elle suit Mesdames par devoir de sa charge, mais que les Bouillon et les Rohan sont résolus à ne point céder aux autres dames. Le jour venu, comme la duchesse de Turenne s'est fait mettre de garde, exprès, pour le moment de la venue de Mesdames, il faut toute la sagesse des duchesses de Brissac et de Beauvilliers, qui renoncent spontanément à leur eau bénite, pour éviter un conflit désobligeant et des aigreurs publiques devant le cercueil. Tout le monde a dit son mot sur l'affaire et pris parti, tant les étiquettes et les préséances tiennent de place dans cette Cour, où le véritable respect n'en tient plus.

Le voyage de Choisy avait été si morne et Versailles demeurait si sévère, avec ses tentures et son mobilier de deuil et la tristesse de la Famille royale, que le Roi décida de se distraire et fut passer quelques jours à Crécy. C'était la première fois que la favorite le recevait chez elle. Elle avait amené la princesse de Conti, mesdames du Roure et d'Estrades ; les hommes venus avec le Roi, en deux berlines allemandes, étaient les familiers intimes, MM. de Richelieu, d'Aumont, de Villeroy, d'Estissac, d'Ayen, de la Vallière et le marquis de Gontaut. Le duc de Chartres et le prince de Conti arrivèrent séparément. Le Roi s'intéressa à la maison et aux jardins, et approuva les travaux décidés, pour lesquels il avait donné lui-même à la marquise l'architecte Lassurance, qui se trouvait là avec le petit Vandières. Madame de Pompadour fit des politesses à tout le monde ; le mieux traité fut le jeune prince de Conti : elle sollicita pour lui une patente de généralissime, par laquelle il était assuré, s'il reparaissait aux armées, que personne ne lui disputerait le commandement suprême.

La marquise n'avait guère pu refuser cette satisfaction au fils de la princesse qui avait consenti à la présenter. Elle voyait, en outre, à cette combinaison, qui permettait au prince du sang de se substituer au Roi, un avantage considérable pour elle-même, celui de garder son amant, d'éviter qu'il s'exposât aux dangers des campagnes, à l'air de cette petite vérole toujours redoutée et qui ravageait les camps, enfin de l'arracher à ces compagnies où elle ne pouvait être et où elle craignait qu'il n'entendît plus parler d'elle. Poursuivant les mêmes pensées, elle obtenait mieux encore ; car le Roi se laissait convaincre de l'inutilité de son retour à l'armée et le renvoyait à l'année suivante.

Pour provoquer cette décision, la marquise fut appuyée par le maréchal de Saxe lui-même. Toujours plus embarrassé que flatté d'une présence royale, l'homme de guerre ne tenait qu'à demi à la voir se renouveler. Interrogé, à la demande de madame de Pompadour, il s'était empressé d'écrire à Sa Majesté qu'aucune action importante ne devait terminer la campagne. La marquise se montrait ravie d'une assurance qui concordait si bien avec ses désirs : « Que vous seriez ingrat, mon cher maréchal, écrivait-elle, si vous ne m'aimiez pas, car vous savez que je vous aime beaucoup ! Je crois ce que vous me dites comme l'Évangile et, dans cette croyance, j'espère qu'il n'y aura plus de bataille, et que notre adorable maître ne perdra pas l'occasion d'augmenter sa gloire. Il me semble qu'il fait assez ce que vous voulez... Je mets toute ma confiance en vous, mon cher maréchal ; en faisant la guerre comme vous la faites, je me flatte d'une bonne et longue paix. » Maurice de Saxe retira de son intervention le droit de faire appel à la reconnaissance de madame de Pompadour et l'honneur de gagner tout seul la victoire de Rocoux.

Le jeune colonel de Valfons fut chargé d'en porter le détail à Fontainebleau, avec l'état des régiments, et de rendre compte au Roi de la brillante journée. Il a narré lui-même les audiences qu'il eut du comte d'Argenson, son ministre, du Roi, de la Reine, enfin de madame de Pompadour. Celle-ci n'a point oublié qu'elle a soupé un jour avec lui, étant encore madame d'Étioles et qu'il l'a contrariée à table assez vivement, de la façon gaie qui est le ton d'alors. Il est d'ailleurs joli homme et de physionomie heureuse. Elle le reçoit à merveille, le fait entrer dans son cabinet, lui dit de prendre un fauteuil à côté d'elle et de causer tranquillement, le Roi ne venant que dans une heure : « Ah çà! dites-moi tout ; ne me cachez rien, et pour vous mettre à votre aise, lisez ces deux lettres, elles vous prouveront que je suis instruite... » « J'en reconnus l'écriture, raconte Valfons, l'une était de M. de Soubise, l'autre de M. de Luxembourg. Elle me fit mille questions, surtout sur le maréchal de Saxe, qu'elle aimait autant qu'elle haïssait M. d'Argenson. Dans le courant de la conversation elle me dit : « Je savais qu'il était arrivé un officier de l'armée; les gens peu instruits que j'ai questionnés n'ont pu me dire votre nom; mais sur le portrait, j'ai dit : C'est mon Valfons, il a bien figure à cela. — Oh! Madame, peut-on parler figure devant la vôtre? — Mais je crois que vous m'en contez? — Non, Madame, mais il doit m'être permis, vu vos bontés, de dire ce que tout le monde pense. » Elle me fit offre de service, me demanda si on m'avait accordé un grade. « Non, Madame. — Oh! ça viendra. Voilà le temps où le Roi va descendre, venez demain à ma toilette à dix heures; ma porte ne sera ouverte pour le public qu'à onze; j'ai encore tout plein de questions à vous faire. Mon maréchal est donc bien content! Qu'il doit être beau à la tête d'une armée, sur un champ de bataille! — Oui, Madame, il a fait l'impossible pour se rendre encore plus digne de votre amitié. — Vous pouvez lui écrire que je partage ses succès et que je l'aime bien. »

L'aimable amitié de la marquise pour le vainqueur de Fontenoy et de Rocoux trouva peu de jours après l'occasion de payer sa dette. Elle fut appelée à soutenir un grand projet, né dans la cervelle du maréchal entre deux victoires, et qui n'était autre que de donner pour femme au Dauphin de France sa propre nièce Marie-Josèphe, fille du roi de Saxe.

Les derniers offices n'étaient pas encore chantés pour la Dauphine morte, que tout le monde se demandait par qui elle allait être remplacée. Le Dauphin ne se devait point à sa douleur, mais au bien de l'État. Prendrait-il la sœur de sa femme, une infante que les Espagnols tenaient toute prête à partir pour Versailles? Lui choisirait-on une fille du roi de Sardaigne, malgré l'amitié de celui-ci pour Marie-Thérèse? L'influence l'emporta de l'admirable manieur d'armées qui avait acquis, par les services rendus, une autorité considérable sur Louis XV.

En pleine campagne de Flandre, s'improvisant négociateur et diplomate, il s'était mis à préparer des deux côtés, par une active correspondance, les quatre ou cinq personnes de qui dépendait le résultat. Au roi Auguste son frère, qu'il avait le premier convaincu, il communiquait une lettre de la marquise, en ajoutant modestement : « Je suis assez à même de savoir l'intrinsèque de la Cour de France, et je ne laisse pas que d'avoir quelques liaisons... Le Roi incline pour la princesse Josèphe pour des raisons particulières, la santé et la fécondité lui paraissant préférables à des raisons politiques. Le roi de Prusse fera bien tout ce qu'il pourra pour traverser cette affaire ; mais l'on s'en méfie ici et il a peu d'accès dans l'intérieur de la Cour. Je prends la liberté d'envoyer une lettre que m'a adressée ces jours derniers madame de Pompadour, et qui pourra faire juger à Votre Majesté que je ne suis pas mal dans les Petits Cabinets. » Il y était si bien, en effet, que celle qui y régnait devenait, peu de jours après, son plus dévoué auxiliaire.

La lettre qui assurait le maréchal de Saxe des meilleures dispositions de la marquise faisait aussi accepter à l'ombrageuse susceptibilité du soldat un acte récent du Roi. Il s'agissait de la décision prise en faveur du prince de Conti, et qui devait évidemment, le cas échéant, menacer la prééminence du maréchal au profit d'un rival d'ailleurs indigne : « Vous serez sans doute étonné, mon cher maréchal, d'avoir été si longtemps sans avoir de mes nouvelles ; mais vous ne serez pas fâché quand vous saurez que j'ai toujours attendu une réponse que le Roi voulait faire à la lettre que vous m'écriviez. *J'espère que ce que vous désirez réussira*. Le Roi vous en dira plus long que moi. Vous savez qu'il a donné au prince de Conti une patente. Soit dit entre nous, cette patente l'a satisfait et a réparé sa réputation, qu'il croyait perdue. Voilà ce qu'il pense, et moi, je crois que c'est une chose embarrassante pour le Roi et qui empêchera qu'on ne se serve de lui autant qu'il le croit. En tout cas, cela ne ferait rien pour vous, et l'on vous mettra toujours à l'abri de la patente. Ne dites mot de cela à âme qui vive. Adieu, mon cher maréchal, je vous aime autant que je vous admire. C'est beaucoup dire. »

Le billet a beau être écrit sur papier satiné à bords bleu turquoise, ce n'en est pas moins une pièce diplomatique fort bien dressée, et celle qui l'a tourné semble n'avoir plus rien à apprendre du plus expert des politiques. Le maréchal ne pouvait se montrer froissé, et, quoi qu'il en pensât, le moment n'eût pas été choisi pour se plaindre, puisqu'un appui sincère et solide lui était promis dans la question de famille qui lui tenait tant à cœur.

Cette affaire marcha à souhait et plus vite qu'on ne l'aurait cru. Du côté saxon, bien entendu, aucune difficulté ne fut soulevée. A Versailles, la Reine seule, qui gardait au fond d'elle-même « le petit coin de stanislaïsme », montra de la tristesse à penser que son fils deviendrait le gendre du prince qui avait dépossédé son père du trône de Pologne. Mais madame de Pompadour s'était donné mission de la convaincre, et Stanislas Leczinski, toujours chevaleresque, allait être le premier à écrire au roi Auguste ses félicitations. La Reine n'avait qu'à imposer à son amour-propre ce nouveau sacrifice après tant d'autres. Que pouvait-on refuser, du reste, à ce maréchal toujours victorieux, qui envoyait au Roi tant de drapeaux pris aux ennemis et renouvelait les exploits du « tapissier de Notre-Dame » ?

Douze jours après Rocoux, l'ambassadeur du roi de France à la cour de Dresde recevait l'ordre de faire la demande : le duc de Richelieu partait pour la Saxe comme ambassadeur extraordinaire, et Louis XV en donnait avis à son général par une lettre de sa main, que celui-ci analysait pour le roi Auguste : « Sire, j'ai reçu hier une lettre du Roi Très Chrétien par laquelle il me mande toutes les contradictions qu'il a essuyées et qui lui ont été suggérées par la Reine sa femme, qu'il a fallu vaincre ; en quoi madame de Pompadour nous a bien servis, *car elle est au mieux avec la Reine*... Les Pâris m'ont extrêmement aidé en toute cette affaire ; ils sont amis de la favorite, et comme ce sont eux qui ont fait le mariage de la Reine, ils ont tout pouvoir sur elle... Ce sont deux personnages qui ne veulent point paraître et qui, dans le fond, sont considérables dans ce pays-ci, parce qu'ils font mouvoir toute la machine. Ce sont mes amis intimes de tous les temps, et ce sont les plus honnêtes gens et les meilleurs citoyens, ce que sont peu de Français. »

Cet éloge de la marquise et de ses amis, par un homme aussi bien placé que le maréchal pour juger exactement des hommes, ne montre pas seulement qu'ils valent mieux que leur réputation ; on y peut voir aussi que les ressorts secrets de l'État sont déjà entre leurs mains.

La Cour était alors à Fontainebleau pour le voyage annuel. La veille du retour à Versailles, le Roi déclara la nouvelle et tout le monde fut chez Leurs Majestés, chez le Dauphin, chez Mesdames, chez la « petite Madame » elle-même, fille de la défunte, pour faire les compliments d'usage. Le Dauphin les acceptait sans joie et répondait mal aux révérences. Le Roi, au contraire, semblait transformé, « se portait fort bien, l'air gai et décidé, s'amusant assez, ce qu'il n'avait guère paru faire, parlant beaucoup, bien et fort obligeamment ». Il s'était montré de plus en plus galant auprès de la marquise, que Nattier était venu peindre, sur son ordre, en Diane chasseresse. Ses attentions pour la Reine continuaient. A l'arrêt qu'on faisait à Choisy, en revenant de Fontainebleau, il s'était assis à sa table de cavagnole et y avait joué, ce qu'on n'avait pas vu depuis des années. L'idée du mariage de son fils et de l'arrivée de la jolie Dauphine, que lui promettait Maurice de Saxe, le ragaillardissait; les projets de fête, les préparatifs, le cérémonial l'occupaient, le faisaient travailler agréablement avec les ministres.

Ceux-ci étaient obligés, en même temps, de recevoir les avis de madame de Pompadour, d'accepter pour la première fois l'intervention de son autorité, qui s'expliquait bien pour les questions de ce genre, mais qui peu à peu allait s'étendre sur tous les domaines. L'un d'eux, honnête homme et sans ennemis, quoique d'esprit caustique, le marquis d'Argenson, a dû déplaire à la marquise. Chacun prétend, d'ailleurs, qu'il n'a pas de talents suffisants pour les Affaires étrangères; on l'appelle « D'Argenson la bête », pour le distinguer du comte, son frère, qui connaît si bien l'art de se soutenir dans le monde. Au commencement de l'année, il est prié de remettre ses fonctions à M. de Puisieux; il quitte la Cour, furieux contre la favorite, dépité de ne point assister au mariage, qu'il prétend avoir préparé et dont l'honneur sera pour d'autres.

Ce mariage était devenu l'affaire de la marquise, non moins que celle de « son maréchal », ainsi qu'elle nommait familièrement

Maurice de Saxe. Elle paraissait décider sur tout. Le duc de Gesvres, Premier gentilhomme de la Chambre, venait prendre des ordres chez elle. Le Prévôt des marchands lui apportait les dessins du cortège triomphal et des chars magnifiques qui devaient parcourir Paris, pendant les fêtes de la Ville, symbolisant Mars, l'Hymen, Cérès, Bacchus et le vaisseau de Lutèce. Elle choisissait les couleurs, approuvait les costumes et les emblèmes. Aussi aisément que des questions d'habillement ou de théâtre, elle résolvait les épineuses diffficultés de l'étiquette. Le Roi n'ayant invité pour Choisy, où l'on devait recevoir la Dauphine, qu'un petit nombre de dames, toutes femmes, filles ou sœurs de personnes en charge, elle demandait cette faveur pour une madame de Baschi, sœur de son mari, qui tenait maintenant à sa place la maison de l'oncle Tournehem; comme ce titre ne semblait point suffisant, elle disait tout haut à sa toilette : « Je puis être comptée parmi les grands officiers ; ma belle-sœur peut donc être mise sur la liste ! » Et le Roi ajoutait de sa main, en souriant, le nom de madame de Baschi.

Les billets d'invitation pour le bal paré

embarrassent M. de Gesvres, à cause de la quantité de solliciteurs. Il en parle au Roi, raconte le duc de Luynes, et le Roi lui dit : « Vous avez un peu perdu de vue les dames de Paris; donnez-moi votre liste; madame de Pompadour les connaît, et elle fera l'arrangement. » En effet, c'est madame de Pompadour qui, avec le Roi, a examiné cette liste, et celui-ci, conseillé par elle seule, a mis de sa main le nombre de places qu'il jugeait à propos de faire donner. En vérité, la marquise semblait née pour le rôle : « Elle menait tout cela, dit un témoin (Croÿ), avec une gaicté, une légèreté et des grâces infinies. »

Ne fallait-il pas un tact souverain pour se faire accepter ainsi en des circonstances aussi sérieuses? Et quelle aisance avait déjà acquise la jeune femme pour se mouvoir dans tous ces détails, sans choquer personne! On trouve presque naturelle la façon dont l'envoyé de Saxe à Paris, comte Loos, parlait d'elle dans les instructions secrètes qu'il envoyait à Dresde pour informer Marie-Josèphe des choses de France. Il les répétait, sans doute, de vive voix, dans le carrosse qui amenait la princesse de Strasbourg à Choisy : « Madame de Pompadour, disait-il, joue un grand rôle à la Cour. L'amitié dont le Roi l'honore, l'intérêt qu'elle a témoigné pour l'alliance du Dauphin avec la maison de Saxe, les insinuations qu'elle a faites au Roi pour fixer son choix, tout cela obligera la Dauphine à des attentions et à de bons procédés. La marquise a un excellent caractère; elle s'attachera à plaire à la Dauphine, qui fera sa cour au Roi en témoignant de l'amitié à une dame que la Reine comble de ses politesses. »

La princesse à qui s'adressaient des définitions aussi précises, avait quinze ans à peine et beaucoup d'ingénuité; elle ne pouvait être renseignée de manière plus avisée et plus discrète. Lorsque, au milieu de l'étincelant défilé des femmes parées et couvertes de pierreries qu'on lui présenta, elle entendit le nom de la marquise de Pompadour, et vit s'avancer une des plus jolies femmes de la Cour, elle lui donna volontiers un de ces sourires, qui s'épanouissaient aisément sur son gracieux visage d'Allemande.

Le second mariage du Dauphin fut célébré le 9 février 1747, presque exactement deux années après le premier. Chaque journée reproduisit, avec peu de changements, la journée correspondante. On ne semblait pas se douter du chagrin qu'apportaient au prince des souvenirs rappelés de telle façon après un si court veuvage. Dans la chapelle de Versailles, la même solennité splendide se répéta; les mêmes curieux s'entassèrent dans la Galerie et les Appartements, les mêmes dames en grand habit formèrent la haie du premier rang pour le retour du cortège. Le bal paré au Manège, le banquet royal, la toilette se firent comme la première fois.

La « mise au lit » eut lieu dans la même chambre, le nouvel appartement du Dauphin n'ayant pu être prêt à temps. Après la bénédiction du lit, les rideaux, selon l'usage, restèrent ouverts quelques minutes, toute la Cour remplissant la chambre. Le Roi envoya amicalement le maréchal de Saxe dans la ruelle, pour causer un moment avec sa nièce et diminuer pour elle la gêne de cette cérémonie. L'enfant semblait peu embarrassée; mais le Dauphin, devant tous ces regards indiscrets, se mit la couverture sur le visage. Ce fut moins par timidité, nous dit-on, que pour cacher les larmes qui lui venaient aux yeux. Marie-Josèphe allait avoir besoin de tout son courage pour supporter ces premières froideurs, et de toute sa tendresse pour conquérir un cœur qui refusera pendant des années de se donner à nouveau.

Au bal paré, madame de Pompadour a dansé le menuet, une des premières après les princesses, et a été fort admirée. Au bal masqué, où tout Paris est venu la voir dans sa nouvelle fortune, elle dédaigne le domino et triomphe ouvertement, brillante et entourée; mais, par moments, elle est anxieuse et surveille le Roi, sachant quels dangers offrent pour elle ces heures de folie, dont elle a su profiter un jour. Le prince de Croÿ, qui se promène dans le bal en philosophe, a deviné ces sentiments : « Le coup d'œil, dit-il, était superbe, surtout dans la Galerie. Toute la bonne compagnie s'y était réfugiée, ce qui la rendait très belle. J'y examinai le Roi masqué, aux pieds de madame de Pompadour, qui y était charmante. Je ne reconnus le Roi qu'à l'inquiétude qu'elle laissa échapper en le voyant passer sur les banquettes. Madame de Forcalquier y était : je la comparai à madame de Pompadour et la trouvai plus jolie et moins de grâce. En fait de maîtresse, le Roi ne pouvait mieux choisir; aussi en paraissait-il éperdument amoureux. »

Cette petite Forcalquier, qui faisait trembler la marquise, et qui fut plus tard la « bellissima » prétentieuse du cercle de madame du Deffand et des Choiseul, était veuve en premières noces du marquis d'Antin, fils d'un premier mariage de la comtesse de Toulouse. Faite au tour, comme on disait alors, elle avait « un beau teint, un visage rond, de grands yeux, un très beau regard, et tous les mouvements de son visage l'embellissaient ». Comme la coquetterie s'y joignait, madame de Forcalquier possédait ce qu'il fallait pour devenir une rivale redoutable. Mais ce n'était pas la seule femme qui inquiétât madame de Pompadour. Elle faisait observer la belle madame de Périgord, de qui elle savait le Roi fort occupé. Celle-ci résistait à ces ardeurs avec une froideur respectueuse que la favorite ne comprenait guère. Cependant la comtesse de Périgord était vraiment vertueuse et le fit bien voir, en s'exilant volontairement dans sa terre de Chalais, pour mettre fin aux assiduités royales.

D'autres s'ingéniaient à arracher le Roi à sa marquise. La princesse de Rohan se montrait encore; une coterie hardie lui opposait la grosse comtesse de la Mark, musicienne et galante, qui tenait à mettre le Roi sur sa liste. Enfin, plus décemment introduite par son père, M. de Luxembourg, on voyait sur les rangs la princesse de Robecq, de l'illustre maison de Montmorency, jeune, très courtisée, très jolie, qui plaisait visiblement au Roi; elle pouvait, s'il se laissait prendre davantage, régner par l'intelligence comme par la beauté. Pour que madame de Pompadour gardât, parmi tant de concurrences, la place enviée, ce n'était pas trop de toutes les ressources de la femme, de toutes les adresses de la femme d'esprit.

CHAPITRE IV

LE TRIOMPHE DE LA MARQUISE

L'hiver même où ses inquiétudes furent les plus fortes, madame de Pompadour inventa, sans paraître y songer, un excellent instrument de défense. Par le théâtre des Cabinets, dont elle donna l'idée au Roi et qui devint la grande occupation des intérieurs, elle sut amuser l'entourage, se rendit agréable à beaucoup de gens, se créa un petit royaume de favoris, découvrit enfin cent occasions différentes de faire goûter ses grâces au maître et de renouveler le cadre où s'épanouissait sa jeune beauté.

Les spectacles d'amateurs, qui faisaient fureur à Paris, et dans les châteaux des provinces, ne furent pas introduits à la Cour pour la première fois par madame de Pompadour. A l'époque où elle s'en avisa, une des femmes qui avaient des vues sur le cœur du Roi, madame de la Mark, en avait eu l'initiative et jouait l'opéra dans son appartement du Château, avec une troupe formée de ses amis sans aucun acteur de profession. Plus anciennement, seigneurs et dames avaient donné régulièrement la comédie à Marly devant le Roi et la Reine, l'année même qui suivit celle de leur mariage. La marquise ramena parmi les divertissements royaux ces spectacles de salon, dont toute la France du XVIIIe siècle eut l'engouement. Après y avoir recueilli ses plus brillants succès de société, elle pouvait se croire assurée de les retrouver devant le Roi. Son cœur y était plus intéressé que sa vanité même; ce n'était plus pour un public, mais pour un seul spectateur qu'elle allait s'efforcer de briller et de plaire. Il s'agissait, en prouvant à tous que sès talents égalaient ses charmes, de faire sentir à l'amour le prix de les posséder.

La troupe fut aisément composée. Les ducs de Nivernois et de Duras, qui avaient déjà joué avec la jeune femme, l'aidèrent à reprendre ses amusements. Le premier, un des plus aimables esprits du temps, y gagnait d'être admis dans le particulier du Roi, ce qu'il n'avait pu obtenir par d'autres voies. Un troisième duc, M. de la Vallière, très expérimenté des choses du théâtre et qui avait lui-même une scène à son château de Champs, devenait le régisseur de celle des Cabinets; l'abbé de la Garde, secrétaire et bibliothécaire de la marquise, était nommé souffleur.

Les statuts de la compagnie, discutés en commun et adoptés d'un accord unanime, stipulaient qu'il fallait prouver, pour être reçu comme sociétaire, qu'on ne jouait pas pour la première fois et qu'on n'aurait point de noviciat à faire. Le charmant esprit qui inspire ce petit document est tout entier dans les articles relatifs aux dames : « Article VII. Les actrices seules jouiront du droit de choisir les ouvrages que la troupe doit représenter. — Article VIII. Elles auront pareillement le droit d'indiquer le jour de la représentation, de fixer le nombre des répétitions, et d'en désigner le jour et l'heure. — Article IX. Chaque acteur sera tenu de se trouver à l'heure très précise désignée pour la répétition, sous peine d'une amende que les actrices seules fixeront entre elles. — Article X. On accorde aux actrices seules la demi-heure de grâce, passé laquelle l'amende qu'elles auront encourue sera décidée par elles seules. » Rien n'était plus galant et plus français qu'une telle rédaction, qui attribuait aux femmes une charmante tyrannie sur les hommes qu'elles daignaient admettre à leurs plaisirs.

La première pièce fut répétée à Choisy, où l'on se rendit pour cela en grand mystère, et représentée au retour, le 16 janvier 1747. Le théâtre était dressé dans la Petite Galerie des Cabinets, celle qu'avait décorée Mignard et qui se dégageait par l'Escalier des Ambassadeurs. On s'habillait dans l'ancien Cabinet des Médailles du Roi. Les Premiers gentilshommes de la Chambre, qui dirigeaient les officiers des Menus-Plaisirs et qui tenaient dans leurs attributions tous les spectacles de Versailles et de Paris, n'avaient point eu à se mêler de celui-ci. Le directeur des Bâtiments, M. de Tournehem, avait tout aménagé et fourni les costumes et les accessoires.

La comédie, choisie dans le théâtre de Molière, exigeait peu de frais et parlait à l'intelligence plus qu'aux yeux. C'était le *Tartufe*, pièce toujours opportune à la Cour et que la marquise devait trouver profit à montrer au Roi. Nous n'avons pas la première distribution de rôles ; mais on peut penser que madame de Pompadour brilla, dans celui de Dorine, par la sûreté de ses intonations et les grâces de sa coquetterie. Avec elle jouaient mesdames de Sassenage et de Pons, et la duchesse de Brancas douairière. Le personnage principal était confié au duc de la Vallière, et les autres hommes étaient MM. de Nivernois, d'Ayen, de Meuse et de Croissy. Un petit orchestre d'amateurs se composait de MM. de Chaulnes et de Sourches, avec quelques-uns de leurs gens, qui étaient musiciens, et de M. de Dampierre, gentilhomme ordinaire des plaisirs du Roi.

Comme on tenait alors à rester en petit cercle, quatorze spectateurs seulement formaient l'auditoire : le Roi, mesdames d'Estrades et du Roure, le maréchal de Saxe, MM. de Tournehem et de Vandières, le premier valet de chambre Champcenetz, son fils, « et quelques autres domestiques du Roi ». L'entrée fut refusée à beaucoup de personnes, au prince de Conti, au maréchal de Noailles, au comte de Noailles, bien qu'il fût gouverneur de Versailles, et même au duc de Gesvres, Premier gentilhomme en année. Rien ne marquait mieux la volonté de Louis XV de séparer entièrement de la vie royale ce genre de plaisirs particuliers,

Aux jours suivants, on eut plusieurs comédies de La Chaussée, de Dufresny et de Dancourt. De nouveaux acteurs y parurent : le duc de Villeroy, le comte de Maillebois, fils du maréchal, le marquis de Gontaut, M. d'Argenson le fils, la marquise de Livry et surtout, pour les rôles de beauté, madame de Marchais, une des plus aimables femmes du temps, parente de la favorite, amie comme elle des gens de lettres, et qui maintenant les recevait et les réunissait à sa place. L'orchestre se renforçait aussi, et le cher Jélyotte venait y faire, en amateur d'instruments, sa partie de violoncelle. Le talent plus que la naissance donnait accès dans la troupe de la marquise. Le gros duc de Chartres, quoique fils du premier prince du sang, s'estimait favorisé d'obtenir un bout de rôle.

Au spectacle succédaient quelques contredanses. Bientôt, de courts opéras d'un acte y furent ajoutés ; enfin les soirées se terminèrent par de petits ballets, la marquise étant aussi sûre de sa danse que de son jeu. Il fallut augmenter la troupe, et du même coup le Roi entr'ouvrit la porte à des spectateurs plus nombreux. Le Dauphin fut invité avec la Dauphine et dut faire bonne contenance, malgré le dédain qu'il affectait pour madame de Pompadour. Elle emporta, d'ailleurs, ce soir-là, tous les suffrages, sous l'accoutrement villageois de Colette, dans *les Trois Cousines* de Dancourt. Par exception, le Roi permettait qu'on applaudît, ce qui ne se faisait jamais au spectacle en sa présence. Les privilégiés, admis à l'une ou l'autre des représentations, en faisaient au dehors la chronique bienveillante. Ainsi cette distraction de la marquise et de ses amis était entrée dans la vie habituelle de Versailles. On en parlait d'avance ; on savait que tous les lundis avait lieu la comédie des Cabinets ; c'était aussi régulier que « l'Appartement » le mardi ou le grand Opéra le mercredi.

On n'avait point osé, de longtemps, convier la Reine. Madame de Pompadour en brûlait d'envie, mais il était difficile d'en amener l'occasion. La Reine, par principes religieux, n'aimait guère le théâtre et ne se souciait pas de rehausser de sa présence les succès de la marquise. Elle savait que son lecteur Moncrif composait les paroles des divertissements qu'on mettait en musique pour les Cabinets; mais elle souffrait avec peine que le trop aimable académicien, un de ses plus assidus familiers, fût en liaison aussi intime avec la femme qui y réglait tout. Moncrif avait, comme auteur, ses entrées aux représentations, et quelquefois, au sortir de la comédie, il venait, de l'autre côté du Château, chez le duc de Luynes, où se trouvait presque toujours la Reine. Un soir qu'il arrivait, ayant obtenu son petit succès de rimeur, comme le livret imprimé circulait de mains en mains, la Reine le prit, le parcourut et, du ton d'autorité qu'elle avait quelquefois : « Moncrif, dit-elle, voilà qui est fort bien, mais en voilà assez ! » Telle était la prévention à vaincre; toutes les pensées de la marquise y tendirent.

Pour la soirée qui devait terminer les spectacles de l'hiver, le 18 mars, le Roi risqua son invitation à la Reine. Ce fut en accordant une grâce qu'il savait devoir lui toucher le cœur. Elle tenait extrêmement, par esprit de justice et de bonté, à voir maréchal de France un vieux soldat méritant et modeste, qu'elle aimait beaucoup, M. de la Mothe. Elle osa en parler au Roi, dans une de ces visites matinales qu'elle lui faisait chaque jour, dès son réveil, et où maintenant elle recevait quelquefois une parole affectueuse. Le Roi, prévenu du désir de la Reine par la marquise, l'assura qu'il ne serait point fait de promotion sans que M. de la Mothe y figurât : « La Reine, raconte Luynes, parut fort touchée de la réponse du Roi, et ayant voulu lui baiser la main, le Roi l'embrassa, et il lui dit qu'il n'avait pas voulu lui proposer d'assister au dernier petit divertissement de ses Cabinets, parce qu'il avait trouvé que la pièce qu'on y jouait était trop libre et ne lui convenait pas, mais qu'on en jouerait une autre samedi qui pourrait l'amuser et qu'elle lui ferait plaisir d'y venir. » La Reine trouva le Roi « charmant » et vint au petit théâtre, avec M. de la Mothe et ses bons amis, le duc et la duchesse de Luynes.

La pièce que le Roi jugeait faite pour elle était *le Préjugé à la Mode*. La Chaussée y avait mis en scène un mari amoureux de sa femme, mais qui craint de faire paraître ce sentiment, l'amour conjugal étant devenu un ridicule dans le monde. Peu de gens à la Cour, en effet, acceptaient ce ridicule, car, dit l'abbé de Bernis, « la foi conjugale n'était une vertu que dans l'esprit de la bourgeoisie ». M. de Luynes a noté l'impression des spectateurs lors d'une autre représentation de cette comédie à laquelle la Reine assistait également : « Le ridicule que l'on y voit donner à l'amour conjugal a fait naître quelques réflexions sur la présence de la Reine à un spectacle où madame de Pompadour joue avec toutes les grâces et l'expression que l'on peut désirer. » Le premier soir, la chronique du duc est plus brève ; il faut lire entre les lignes l'éloge de madame de Pompadour, qui a parfaitement tenu un rôle délicat, et de M. de Duras, qui a rempli supérieurement le personnage du mari, « encore plus difficile à jouer ».

Sur le petit opéra à trois acteurs qui suivit la comédie, *Bacchus et Érigone*, de Mondonville, nous avons des détails moins discrets : « Madame de Pompadour joua tout au mieux : elle n'a pas un grand corps de voix, mais un son fort agréable, de l'étendue même dans la voix ; elle sait bien la musique et chante avec beaucoup de goût. Elle fait Érigone ; madame de Brancas, qui fait Antonoë, joue assez bien ; elle a une grande voix, mais elle ne chante pas avec le même goût que madame de Pompadour... Les danses, qui sont faites par Deshayes de la Comédie italienne, sont fort jolies; il n'y a de femme qui danse que madame de Pompadour. M. de Courtenvaux, qui est un grand musicien, danse avec une légèreté, une justesse et une précision admirables. Madame la Dauphine, qui était enrhumée, ne put pas venir à ce petit spectacle; ainsi il n'y avait que le Roi, la Reine, M. le Dauphin et Mesdames, mais sans aucune représentation; le Roi et la Reine sur des chaises à dos, M. le Dauphin et Mesdames sur des pliants. » Il n'y avait « derrière » ni officier des gardes, ni capitaine des gardes, et l'on voyait dans l'assistance le maréchal de Noailles et le maréchal de Saxe. Ainsi prenait fin, dans un triomphe de la femme aussi complet que celui de l'actrice et de la danseuse, la première série des représentations organisées par madame de Pompadour. Elles n'avaient été inutiles ni à l'éclat de son prestige, ni à l'affermissement de sa situation.

D'un hiver à l'autre, de sérieux événements se déroulèrent. Louis XV fit dans les Pays-Bas sa quatrième campagne, que marquèrent la victoire de Laufeld et la prise de Berg-op-

Zoom. Maurice de Saxe y gagna ses derniers lauriers, et le comte de Lowendal, son bâton de maréchal de France. L'absence de Sa Majesté, qui fut de quatre mois, et le deuil pour la mort de la « reine de Pologne », mère de la Reine, firent perdre à la Cour une partie de son éclat. Madame de Pompadour voyageait beaucoup. Elle passait son temps, avec deux ou trois amies, à Crécy, où s'achevait son magnifique château, à Choisy, où son appartement était toujours prêt, à Montretout, qui était une maison de campagne dominant le coteau de Saint-Cloud, bientôt abandonnée pour La Celle, habitation plus rapprochée de Versailles et que la marquise achetait à Bachelier. Elle menait partout sa fille, la petite Alexandrine, et voyait souvent M. Poisson, de qui elle n'avait cessé de s'occuper.

La réhabilitation de ce tendre père, obtenue régulièrement du Conseil d'État l'année précédente, était couronnée par une mesure destinée apparemment à lui faire oublier ses anciens déboires. En août 1747, par lettres données au camp de la Commanderie, le Roi concédait la noblesse à l'ancien commis aux vivres, «pour services importants rendus à l'État avec autant de désintéressement que de zèle », et la marquise s'amusait à choisir les armoiries que d'Hozier réglerait pour le nouvel anobli. Ce fut un « écu de gueules à deux poissons, en forme de barbeaux d'or, adossés ; cet écu timbré d'un casque de profil orné de ses lambrequins d'or et de gueules ». Et comme l'arrêt du Conseil prévoyait une indemnité au sieur Poisson, pour les dommages qu'il avait subis, ce fut « messire François Poisson, écuyer, seigneur de Vandières et de Lucy », qui donna au Trésor quittance de cent mille livres accordées par le Roi.

Rien n'était refusé à la jeune femme, et nulle crainte ne la troublait plus. Louis XV allait revenir plus épris que jamais, et l'opposition se taisait devant cette persistance de la passion royale. Maurepas gardait, auprès de la favorite, des dehors irréprochables. Le comte d'Argenson, qu'elle avait inquiété l'année précédente, jugeait prudent, pour le moment, de ne point lier partie avec ses adversaires, et de « se raccrocher avec elle » ; il comblait ses protégés des avantages dont il disposait comme ministre et, durant la campagne, qui le tenait continuellement aux côtés du Roi, ne disait pas une parole dont elle pût lui savoir mauvais gré.

Le seul homme qui fût de force à la combattre, Richelieu, était à guerroyer en Italie pour rentrer maréchal de France. Mais il savait trop bien Versailles pour se risquer à distance à une lutte inégale. On échangeait, au contraire, des billets charmants et de petits services : « J'ai reçu votre lettre, Excellence, écrivait la marquise, et j'ai parlé au Roi sur-le-champ. Il est fort content de vous, ainsi que tout le public. Je vous laisse le plaisir de l'apprendre de lui-même, car je crois que dans ce moment il vous écrit. Pour ce qui me regarde, vous connaîtrez avec le temps ma façon de penser pour vous, et peut-être serez-vous persuadé que je mérite des amis. Je ne demande l'amitié des gens que j'aime, que quand ils me connaîtront bien ; vous voyez mon équité. Vous voulez, dit-on, aller à Rome ; cela retardera votre retour, que je verrai arriver avec vrai plaisir. » Le ton est ici d'une femme sûre de sa situation, et qui, pressentant une contrariété, souhaiterait l'éviter par une alliance d'intérêts.

Hors de la Cour, cette faveur si complète n'est pas connue de tout le monde. On persiste à croire que le Roi va se lasser, si ce n'est déjà fait. A écouter les ennemis de madame de Pompadour, comme le marquis d'Argenson, qui lui attribue son départ du ministère et lui a voué une haine féroce, son crédit ne tient que par des fils, aisés à rompre. Chaque semaine il espère, il attend, il prédit le renvoi ; du fond de son cabinet, il en fixe l'époque avec certitude, il consigne avidement les indices qui l'annoncent ; il accepte comme faits établis des bavardages recueillis par ses gens sur les bancs du Palais-Royal ; il voit, ainsi que dans une hallucination, la favorite maigrir et enlaidir tous les jours, avec une santé ruinée, crachant le sang, dégoûtant le Roi ; il croit « qu'il y a huit mois qu'il ne lui a touché le bout du doigt » ; il se persuade de bonne foi qu'elle est abreuvée d'avanies par la Famille royale, et que le maître lui-même lui marque durement qu'il a assez de sa présence ! Les vrais témoins de la Cour, Croÿ et Luynes, par la concordance de leurs journaux, démentent cette chronique extraordinaire.

Le premier notamment qui, à ce moment même, tient à être renseigné avec sûreté sur ce qui se passe, nous assure que le pouvoir féminin est assis plus solidement que jamais. Le gendre du maréchal d'Harcourt a l'ambition d'être compris dans la prochaine promotion des maréchaux de camp ; la façon dont il s'y prend pour solliciter et le choix de ses appuis garantissent l'impartialité de ses observations :

« La tête me tournait d'inquiétude, sentant de quel intérêt il était pour moi d'être de cette promotion ou non. Je vins au lever du Roi faire ma révérence d'arrivant, ensuite à sa messe, et d'abord après je courus chez madame la marquise de Pompadour, avant qu'elle en fût de retour. Je lui demandai une audience, qu'elle me donna dans le moment dans son cabinet. La tête remplie de ma promotion, je lui parlai assez longtemps et fortement, la pressant vivement de s'intéresser pour moi, et je lui lus mes motifs, que j'avais rassemblés, de services seulement, n'osant parler moi-même de ma naissance. Cela l'ennuya peut-être, ce qui fit qu'elle me reçut assez froidement ; cependant elle me dit de lui laisser mon papier, qu'elle le ferait lire au Roi ; c'était là ce que je demandais. Ensuite je restai à sa toilette et, étant tard, j'allai de là chez M. d'Argenson [ministre de la guerre], l'attendre au retour du Conseil ;

il me donna une grande audience... J'allai chez M. de Puisieux [ministre des affaires étrangères], qui me pria pour le lendemain et me promit de parler. J'allai chez madame d'Estrades, la grande amie de la marquise, et chez le cardinal de Tencin. Enfin j'allai, en vrai courtisan que je devenais presque tout de bon, frapper à toutes les portes qui menaient à la fortune de cour, sans négliger toutes les autres qui y mènent plus noblement.

» Je vis le soir le Roi au grand couvert avec M. le Dauphin et Madame la Dauphine. Madame de Pompadour y vint, bien jolie et bien parée. La Reine était retournée à Versailles, fort incommodée d'une révolution ordinaire à son âge, et Mesdames l'avaient suivie. Je revins chez moi mettre en ordre et faire copier un mémoire, très fort pour la grandeur de ma maison, et arranger encore tout ce que je pouvais mettre en usage pour réussir. Les deux grands coups étant frappés, je ne cherchai plus qu'à faire dire du bien de moi et parler en ma faveur au Roi et à madame de Pompadour, pour qu'elle lui parle plus fort pour moi, de sorte que je continuai de me coucher tard et peu dormir.

» [Le lendemain] je tâchai d'achever de mettre tout en usage ; je remis à M. d'Argenson le mémoire de la naissance qu'il joignit à l'autre. Je restai toute la toilette de madame de Pompadour à lui faire ma cour. M. de Bouillon vint la remercier de la survivance qu'il venait d'obtenir de sa charge pour son fils, et cela le plus bassement du monde et à impatienter ; matière à belles réflexions qui ne m'échappaient pas, quoique je fusse un peu dans le cas et bien occupé de mon affaire. Le maréchal d'Harcourt y vint remercier d'un ton différent... »

Il ressort assez d'un tel récit que madame de Pompadour a plus d'influence qu'aucun prince du sang et qu'aucun ministre, et qu'il est nécessaire de passer par elle pour toutes choses. Voici maintenant le tableau des Cabinets où, cinq jours après son arrivée à Fontainebleau, M. de Croÿ a obtenu de souper. Le jeune colonel a eu, dit-il, la sottise de se fâcher de ce que le Roi n'ait pas daigné lui adresser la parole, après la campagne assez dure qu'il vient de faire ; mais il sait que Sa Majesté est souvent maussade hors de son intimité, et la faveur des Cabinets efface toute cette amertume :

« Il y avait à table, ainsi que nous étions, prenant par ma gauche : M. de Voyer, de Pons, de Tingry, de Meuse, madame de Pompadour, le Roi, madame d'Estrades, M. de Maillebois, madame de Brancas la grande, M. de Nivernois, le baron de Montmorency, de Coigny, maréchal d'Harcourt, de Croissy, de Sourches, de la Vallière et moi. Les soupers me parurent tout comme l'année dernière, fort gais, aimables, libres sans sortir du respect. Le Roi m'y parut de plus en plus charmant et ne pouvait être mieux là : doux, poli, gai, aimable, parlant beaucoup, très bien, toujours juste et avec esprit et agrément.

» Les comédies des Petits Cabinets, que l'on préparait, pour les reprendre plus fort que jamais à Versailles, faisaient une partie des conversations. Madame de Pompadour, qui y brillait extrêmement, ayant tous les talents, cherchait à amuser et à retenir par là le Roi, qui, sans y avoir de goût, y formait les siens pour ce que l'on appelle agrément et bon ton du monde ; et il avait en cela infiniment profité, étant alors fort aimable dans son particulier et cela ayant beaucoup influé sur son extérieur, de sorte qu'alors, la timidité étant secouée, on pouvait dire qu'il était parfaitement bien dégourdi. Il me paraissait toujours que tous les grands et bons principes lui restaient, mais qu'ils étaient (comme c'est fort l'usage à la Cour) accommodés et mitigés par l'agrément du bon ton et l'usage le plus général, qui tend à ce que l'on se persuade à la fin le vice permis, pourvu que l'on ne s'y donne qu'avec des sortes de ménagements et de la belle manière... Malgré tout le temps qu'il donnait à ces plaisirs, le Roi ne laissait pas que de beaucoup travailler, mais un peu moins ce voyage que l'hiver dernier, les chasses étant plus fréquentes à Fontainebleau. Il paraissait que, quoiqu'il fît beaucoup par lui-même, ses ministres prenant aisément un grand crédit sur son esprit, il s'en rapportait à eux sur presque tout; ainsi, sans qu'il y eût de premier ministre, chacun l'était dans son département, où il faisait faire presque tout ce qu'il voulait, cependant avec ménagement et crainte des rapports de leurs ennemis au Roi, qui cherchait le bien et aurait désiré être instruit; il se donnait même quelques soins pour cela, mais peut-être pas assez ou ne s'y prenait-il pas bien. Comme on gagnait aisément sa confiance, ses maîtresses la prenaient plus aisément que les autres et, comme il aimait beaucoup madame de Pompadour, elle avait un très grand crédit. Il ne se faisait presque point de grâce sans sa participation, ce qui lui attirait toute la cour d'un premier ministre ; mais, sur les grandes affaires, il est incertain si le Roi lui confiait tout, étant né réservé sur cet article, et je serais tenté de croire qu'il en était plus amoureux en amant qu'en ami. »

Le Louis XV qui nous est montré ici, dessiné d'un crayon respectueux, mais sincère, est celui que madame de Pompadour a su dégager de l'élève ennuyé et taciturne du cardinal de Fleury. Le fond demeure obscur et inquiétant, mais les dehors sont tels, que le Roi peut être dit, sans trop de flatterie, le gentilhomme le plus accompli de son royaume. On en devait faire honneur à la femme qui exerçait sur lui l'influence de tous les jours, et au portrait de laquelle le même peintre revient avec complaisance :

« Madame la marquise de Pompadour était rengraissée et mieux de figure que jamais, c'est-à-dire extrêmement jolie et pleine de grâce et de talents ; elle avait même celui de son état, paraissant être née pour remplir cette place. Elle se mêlait de beaucoup de choses, sans en avoir l'air ni en paraître occupée ; au contraire, elle affectait, soit naturellement ou par politique, d'être plus occupée de ses petites comédies ou d'autres bagatelles que du reste. Elle faisait beaucoup de petites agaceries au Roi et employait l'art de la plus fine galanterie pour le retenir. Dans les commencements, elle cherchait à plaire à tout le monde, pour se faire des créatures, et surtout des gens de marque ; alors, étant plus affermie et connaissant tout son monde, elle était un peu plus décidée et moins prévenante, mais toujours assez polie et cherchant à faire plaisir ou du moins à le paraître. » Il est aisé de prévoir, à ces derniers traits, que le caractère de la *femme*, qui *ne s'impose* plus les efforts d'autrefois, fera dominer bientôt l'esprit de coterie.

Cette vie des intérieurs, à laquelle elle préside, se modifie un peu chaque année. L'hiver suivant, à Versailles, on se plaint que les spectacles prennent de plus en plus de place et qu'on fait moins d'accueil aux courtisans qui ne jouent pas dans les comédies. Ce ne sont plus les chasses seules qui conduisent aux soupers, et souvent même les chasseurs sont sacrifiés aux comédiens. Certains soirs, les Cabinets semblent envahis par une « cohue ». M. de Croÿ trouve inconvenant de voir « les jeunes gens s'y fourrer », et s'offusque d'y rencontrer « jusqu'à des trente-cinq personnes ! » M. de Luynes écrit qu'il y a, « dans la petite galerie, une table longue comme celle d'un réfectoire ». Parmi tant de visages nouveaux, que lui fait accepter la marquise à l'occasion de son théâtre, le Roi n'est à l'aise qu'avec ses anciens familiers, ceux qu'il voit depuis des années autour de lui. Il reste pour eux le maître bienveillant qu'ils aiment véritablement et que le reste de la Cour ne connaît point.

Un après-midi de décembre 1748, il a ramené ses chasseurs au Petit-Château, c'est-à-dire à La Celle, l'aimable maison où plus d'une fois des fêtes ingénieuses, des bergeries dans les jardins, des ballets improvisés sous les berceaux ont amusé sa mélancolie. Il y a trouvé à table madame de Pompadour et ses amis, et la surprise qu'il leur a faite paraît l'avoir mis d'excellente humeur. Justement la marquise doit aller à Paris ce jour-là, pour assister à la première représentation d'une tragédie de Crébillon, *Catilina*, qu'elle tient à applaudir. A trois heures, le Roi la conduit à son carrosse et rentre à Versailles. « Il n'y eut pas de liste le soir, dit M. de Croÿ; le Roi me fit dire par le maréchal d'Harcourt de monter à cinq heures, et nous soupâmes tout en haut dans les petits petits *(sic)* Cabinets du dessus, dans le plus grand intérieur, rien que six avec le Roi, savoir : le Roi, le maréchal d'Harcourt, M. de Fleury, moi, M. de Joyeuse, le fils de M. de Croissy et son père. Le Roi fut charmant dans ce petit intérieur, d'une aisance et même d'une politesse infinie; il me parla beaucoup; ensuite, dans le cabinet du tour, il fit allumer un fagot et nous fit tous asseoir autour comme lui, sans la moindre distinction, et nous causâmes avec la plus grande familiarité, hors que l'on ne pouvait oublier que l'on était avec son maître. A dix heures, nous vîmes arriver la voiture de la marquise; il alla la trouver, et nous sortîmes, bien contents de cette faveur particulière. »

Cette journée, où la marquise protégea une tragédie, rappelle le rôle qu'à ce moment elle aimait jouer dans la République des lettres. Son « Mécénat » féminin, plus tard tout entier dévoué aux artistes, l'était alors aux écrivains. Ainsi l'assurait-elle au président de Malesherbes : « J'aime les talents et les lettres, et ce sera toujours pour moi un grand plaisir que de contribuer au bonheur de ceux qui les cultivent. » Elle faisait pensionner sur la cassette les soixante ans de Crébillon, et obtenait de l'Imprimerie Royale une édition complète de ses œuvres. Elle allait accueillir le petit Marmontel, qu'on lui désignait comme un futur grand homme, et lui procurer une place dans les bureaux des Bâtiments, pour qu'il eût du génie tout à loisir. Bernis restait son conseiller, toujours obligeant pour ses confrères et désintéressé pour lui-même : « Je n'ai encore pu faire de bien à l'abbé, écrivait-elle ; c'est le seul de mes amis qui soit dans le cas. » Guidée par le goût de cet honnête homme, elle se tenait au courant des productions nouvelles, dissertait des pièces de théâtre, s'occupait des élections à l'Académie.

Voltaire lui devait presque son fauteuil parmi les Quarante : s'il avait fini par avoir pour lui les Jésuites, à force de politesses, il lui manqua longtemps l'agrément du Roi, que la marquise seule put obtenir. Le bon Duclos, soutenu par elle, avait réussi également; mais elle servait avec non moins de zèle le médiocre abbé Le Blanc, ami du peintre La Tour et critique ordinaire des Salons dans le *Mercure.* A M. de Vandières, qui lui recommandait Gresset, elle répondait : « Je vous assure, mon frère, que j'ai dit à M. Gresset que je ne dirai pas un mot pour lui, attendu que je m'intéresse pour l'abbé Le Blanc. Je crois les places de l'Académie décidées dans le moment présent ; qu'il se tienne tranquille, et je lui promets qu'à la première vacante, je m'emploierai pour lui avoir les voix des personnes de l'Académie que je connais. C'est un homme sage et vertueux, mais qui a peu d'amis. » La marquise s'exagérait sans doute l'influence qu'elle croyait avoir, car Gresset l'emportait sur l'abbé, qui ne devait jamais être élu.

L'auteur de *Vert-Vert*, alors dans sa grande gloire de petit poète, devient l'obligé de madame de Pompadour pour une de ces faveurs qu'elle sait distribuer avec grâce. Un charmant billet lui apprend un jour que le Roi lui accorde ses entrées aux représentations des Cabinets. On y prépare sa comédie du *Méchant*, ainsi que *l'Enfant Prodigue* de Voltaire, et bien que ces pièces, jouées déjà sur les théâtres publics, n'exigent point la présence des auteurs, madame de Pompadour a jugé équitable de leur procurer l'occasion de recevoir un éloge ou un encouragement du Roi. Gresset, discret et fin, sait admirablement profiter des circonstances; il plaît à tous ses interprètes, et lui-même admire de si bon cœur le duc de Nivernois, dans le rôle du Méchant, qu'il conseille à Roselli, l'acteur de la Comédie-Française, de venir étudier le jeu du grand seigneur.

Ces honneurs réussissent moins à Voltaire. Il est déjà insupportable au Roi, par ses empressements, ses familiarités, ses façons de prendre la parole devant lui et même, un jour, de le tirer par la manche. Il témoigne sa gratitude à sa protectrice par une maladresse singulière. Ravi de savoir qu'elle va jouer son personnage de Lise et d'être convié à l'applaudir, il lui adresse par avance ce compliment :

Ainsi donc vous réunissez
Tous les arts, tous les goûts, tous les talents de plaire :
Pompadour, vous embellissez
La Cour, le Parnasse et Cythère.
Charme de tous les cœurs, trésor d'un seul mortel,
Qu'un sort si beau soit éternel!
Que vos jours précieux soient marqués par des fêtes!
Que la paix dans nos champs revienne avec Louis!
Soyez tous deux sans ennemis,
Et tous deux gardez vos conquêtes.

Le madrigal est trop joli pour rester secret, et la marquise, parfaitement flattée, ne manque pas de le faire lire. Il court Versailles, arrive chez la Reine, chez le Dauphin, chez Mesdames, où l'effet est bien différent. Chacun trouve scandaleuse cette comparaison des conquêtes, et fort impertinente la prédiction de leur durée. Le Roi marque son mécontentement, et madame de Pompadour s'avise alors qu'elle a été louée hors de saison. Quand Voltaire entre chez elle, croyant trouver des visages souriants et les félicitations d'usage, il s'aperçoit, au silence général, qu'il a excédé, pour la Cour, les licences qu'autorise la poésie.

L'aventure s'ébruite dans Paris; chacun sait que Voltaire est en disgrâce. Son départ pour Cirey et de là pour Lunéville, avec madame du Châtelet, est regardé comme une fuite; ses ennemis répandent qu'il est exilé. On ne lui a point fait tant d'honneur; mais il a compris de lui-même qu'il valait mieux ne pas reparaître à Versailles. Quelque froideur s'en est glissée dans ses rapports avec la marquise. Toujours souffrant, souvent en voyage, il a d'excellentes raisons pour ne la plus voir, sans renoncer pour cela à se servir d'elle et à compter sur son dévouement.

La première occasion est encore à propos de théâtre. Le poète vient de faire représenter *Sémiramis*, avec un succès contesté, car ses adversaires ont mené une forte cabale en rappelant la vieille tragédie de Crébillon sur le même sujet. On a composé selon l'habitude une parodie, que la troupe italienne doit d'abord donner à la Cour pendant Fontainebleau, et Voltaire a la faiblesse de s'irriter par avance des égratignures d'un Montigny. Ses lettres sont remplies de doléances et d'invectives; il les multiplie pour faire interdire ces représentations qui vont, dit-il, bafouer devant le Roi un de ses gentilshommes. Étant à Commercy, chez le roi Stanislas, il le prie d'écrire à la Reine, envoie lui-même à la bonne princesse une supplique éloquente et, par le même courrier, s'adresse à tout ce qu'il a d'amis à la Cour. Son fidèle d'Argental est chargé d'appuyer cette stratégie épistolaire : « J'écris à madame de Pompadour, et je lui fais parler par M. de Montmartel. J'écris à madame d'Aiguillon, et j'offre une chandelle à M. de Maurepas. J'intéresse la piété de la duchesse de Villars, la bonté de madame de Luynes, la facilité bienfaisante du président Hénault, que je vous prie d'encourager. Je presse M. le duc de Fleury; je représente fortement, et sans me commettre, à M. le duc de Gesvres des raisons sans réplique, et je ne crains pas qu'il montre sa lettre, qu'il montrera... Je suis bien sûr que vous échaufferez M. le duc d'Aumont... Mes anges, engagez M. l'abbé de Bernis à ne pas abandonner son confrère, à ne pas souffrir un opprobre qui avilit l'Académie, à écrire fortement de son côté à madame de Pompadour; c'est ce que j'espère de son cœur et de son esprit, et ma reconnaissance sera aussi longue que ma vie. »

La Reine et ses pieuses amies se soucient peu d'épargner quelques lazzis à M. de Voltaire. La duchesse de Luynes lui répond que les parodies sont d'usage et qu'on a bien travesti Virgile. Madame de Pompadour seule se mêle de l'affaire et l'arrange. Elle fait dire à Voltaire par Montmartel « que le Roi est bien éloigné de vouloir lui faire la moindre peine, et que la parodie ne sera point jouée en sa présence ». Mais le poète n'est pas satisfait : il veut qu'on l'interdise aussi à Paris; il recommence ses plaintes, ses protestations, au nom de l'honneur des lettres blessé en sa personne. Cette fois, les bonnes volontés se lassent; MM. les Premiers gentilshommes ne s'engagent point, et M. de Maurepas ne semble pas vouloir priver les Parisiens d'un de leurs amusements favoris. La marquise doit intervenir encore, auprès de toutes les autorités de cour qui règlent les spectacles de la capitale. Elle obtient enfin l'interdiction définitive, et rend la paix à l'imagination surexcitée de son ami.

Quelques semaines après ces émotions, Voltaire s'enflamme de colères nouvelles. Il en veut, cette fois, à un de ses confrères, à celui-là même qu'il reproche à la marquise de lui préférer. Le vieux Crébillon s'est laissé louer outre mesure « par la canaille », aux dépens de l'auteur de la seconde *Sémiramis;* en sa qualité de censeur royal, il a proposé de retrancher des vers admirables de cette tragédie, et il n'a point refusé son approbation à la farce des Italiens. Ce sont là des abus intolérables d'un homme en place, des « procédés indignes ». Mais le grief le plus sérieux vient de la Cour et regarde leur protectrice commune.

Depuis longtemps, Crébillon avait en préparation son *Catilina*, dont ses amis disaient merveille, mais qu'il n'achevait point, jugeant terminée sa carrière de poète tragique. Madame de Pompadour l'a mandé chez elle, à Choisy, a voulu entendre la lecture de cet ouvrage et l'a encouragé à le finir, en lui promettant une belle représentation à la Comédie-Française. C'est une touchante pensée que de procurer une dernière joie à un des maîtres de sa jeunesse. Elle a su pour cela rappeler à Louis XV que le Grand Roi donna à Corneille, vieilli et presque oublié, le bonheur de se voir « ressusciter », comme il le disait, sur le théâtre de Versailles.

Madame de Pompadour distingue mal Crébillon de Corneille, et l'amitié a toujours suffi à l'aveugler. Le Roi, de son côté, fort indifférent au poète, prend l'homme en affection. Il entre dans les idées de la marquise, donne l'ordre de jouer *Catilina* et décide de renouveler avec magnificence les décors et les costumes, comme on vient de le faire pour *Sémiramis*. Jamais le Sénat romain n'aura été plus coquet sur la scène, avec ses toges de toile d'argent bordée de pourpre. Le succès semble assuré d'avance, non seulement par les admirateurs de Crébillon, mais surtout par la bruyante cohorte des ennemis de

Voltaire, que Piron conduit au combat. La mode s'en mêle, les salons s'émeuvent, les loges sont retenues depuis trois mois, et la présence de la Cour, les applaudissements de la favorite, achèvent de donner à l'auteur l'illusion d'un suprême triomphe. Le Roi lui-même s'y intéresse, attend le retour de la marquise et lui demande avec empressement : « Eh bien ! avons-nous gagné notre procès ? avons-nous réussi ? »

Voltaire, qu'exaspéraient tous ces détails, s'efforçait en vain de croire à une chute complète : « La cabale veut bien crier, mais elle ne veut pas s'ennuyer, et il n'y a personne qui aille bâiller deux heures pour avoir le plaisir de me rabaisser. » Le public continua, pendant une vingtaine de représentations, à porter son argent au guichet de la Comédie. On goûta avec respect ce pathétique démodé, qui ne manquait point de grandeur : Helvétius disait que le caractère de Catilina était peut-être le plus beau qu'il y eût au théâtre, et le président de Montesquieu, enthousiasmé par la brochure, écrivait que son cœur était décidément fait pour le dramatique de Crébillon. Madame de Pompadour recueillit donc quelques suffrages, et l'on trouva naturel que la dédicace du poète lui rendît hommage :

« Il y a longtemps, disait-il, que le public vous a dédié de lui-même un ouvrage qui ne doit le jour qu'à vos bontés : heureux si on l'eût jugé digne de sa protectrice ! Et qui ne sait pas les soins que vous avez daigné vous donner pour retirer des ténèbres un homme absolument oublié? Soins généreux qui ont plus touché que surpris : que ne doit-on pas attendre d'une âme telle que la vôtre ! »

On oublia promptement ces engouements et ces querelles : Crébillon cessa d'être comparé à Sophocle ; Voltaire seul garda l'affaire sur le cœur et voulut à son tour composer un *Catilina*, qu'il appela *Rome sauvée*, et où il donna des leçons à son rival. Il attachait à cet incident de sa vie une extrême importance ; il en parlait à tout propos, écrivait par exemple au marquis d'Argenson : « Les personnes qui vous ont ôté le ministère protègent *Catilina* ; cela est juste ! » Les mots qu'on prêtait à Louis XV achevaient de le dégoûter de son monarque et de l'acheminer vers Potsdam. Mais c'est surtout contre madame de Pompadour qu'il s'indignait, sans oser cependant écrire ouvertement ce qu'il pensait d'elle. Il ne pouvait excuser cet esprit de femme de n'avoir su préférer ses ouvrages à ceux de Crébillon, « les plus impertinents, disait-il, et les plus barbares qu'un ennemi du bon sens ait jamais pu faire : Madame de Pompadour me faisait l'honneur de me mettre immédiatement après ce grand homme... ».

Jamais il ne pardonnera à la marquise d'avoir soutenu ce « vieux fou ». Rien n'effacera ce qu'il a pris pour une injure personnelle, ni les bontés passées, ni la discrétion sur les bons offices rendus, ni ceux qu'il sollicitera encore et qui ne lui manqueront jamais. Quinze ans plus tard, quand elle mourra, il proclamera « son attachement et sa reconnaissance », rendra un hommage sincère à la femme philosophe et la louera d'avoir pensé « comme il faut » ; mais il livrera à ses amis le secret d'une rancune indéracinable : « Quoique madame de Pompadour eût protégé la détestable pièce de *Catilina,* je l'aimais cependant, tant j'ai l'âme bonne ; elle m'avait même rendu quelques petits services... »

Le duc de Richelieu reparut à Versailles, au retour du siège de Gênes, tout reluisant de son titre neuf de maréchal de France. Il y eut un instant de joie parmi les ennemis de la marquise, au début de 1749, quand l'habile jouteur, que n'avaient point désarmé les prévenances épistolaires, vint prendre son année de Premier gentilhomme de la Chambre. « Tout le parti courtisan, annonçait d'Argenson, craint beaucoup son arrivée, et véritablement il est capable de donner de bons coups de collier pour la gloire et la sûreté du royaume, pour chasser *la maîtresse roturière et tyrannique* de la Cour, et pour en donner une autre. » Dès les premiers jours, en effet, Richelieu affichait son désir de jouer un rôle, de départager les coteries, de reprendre l'oreille du Roi et, s'il y avait lieu, d'utiliser sa connaissance des femmes pour « crosser la petite Pompadour comme une fille d'opéra ». Tant de prétention en imposait à beaucoup de monde; le maréchal avait un cortège à Versailles quand il passait, et une grosse audience le matin, à son lever. On attendait la première bataille qu'il allait livrer, et l'occasion lui fut offerte par la marquise elle-même.

Le petit théâtre venait d'être transformé, pour devenir un théâtre d'opéra. On avait construit une véritable salle dans le Grand Escalier des Ambassadeurs, où jadis Louis XIV faisait entendre des symphonies et dont le large vaisseau se prêtait à des aménagements de ce genre. La nouvelle salle avait une scène ingénieusement disposée pour le mouvement des machines. Comme l'escalier servait dans certaines circonstances, par exemple pour la procession des Cordons Bleus, toute la construction était mobile et s'enlevait et se replaçait à volonté. Il fallait dix-sept heures pour la première opération, vingt-quatre pour la seconde, et la dépense d'installation était montée, tout compris, à soixante-quinze mille livres. Le public malintentionné parlait de sommes beaucoup plus fortes encore, qui auraient été englouties dans cette fantaisie, comme dans tous les bâtiments de la marquise. Celle-ci finissait par s'en émouvoir, et un jour, à sa toilette, au milieu du cercle attentif qui recueillait ses moindres paroles, ne dédaignait pas de réfuter les médisances : « Qu'est-ce qu'on dit, que le nouveau théâtre coûte deux millions ? Je veux bien que l'on sache qu'il ne coûte que vingt mille écus, et je voudrais bien savoir si le Roi ne peut mettre cette somme à son plaisir ! Et il en est ainsi des maisons qu'il bâtit pour moi ! » Les maisons, à la vérité, coûtaient plus cher que la transformation du Grand Escalier de Versailles ; mais les décorations, les habits, les gratifications aux musiciens, entraînaient des dépenses considérables. A la fin de la première année, le directeur du nouveau théâtre, M. de la Vallière, avouait, pour cette seule saison, une somme de cent mille écus, et encore avait-on tiré des magasins des Menus une infinité d'accessoires.

Cette construction éphémère servit deux ans et acheva la ruine du fameux escalier. Au reste, l'idée en était charmante, et le goût le plus raffiné n'y trouvait rien à reprendre. Madame de Pompadour avait décidé tous les plans ; comme elle en avait fait au Roi la surprise, il s'était privé, par galanterie, d'entrer dans la salle avant le premier spectacle. Le délicat décor bleu et argent offrait aisément place à quarante invités et autant de musiciens. Cochin l'a peint exactement dans une gouache qui rappelle les représentations d'*Acis et Galathée*, de Lulli. Madame de Pompadour y est en scène avec le vicomte de Rohan, qui joue Acis ; elle porte une grande jupe de taffetas peinte en roseaux et coquillages, un corset rose tendre et une mante de gaze vert et argent, en un mot tout son costume de la soirée du 23 janvier 1749. Dans la tribune se reconnaissent, auprès du Roi vêtu de gris, la Reine et les trois Mesdames, Henriette, Adélaïde et Victoire, toutes tenant à la main le livret de l'opéra. L'étroit balcon à un seul rang, où plusieurs spectateurs ont le cordon bleu, et le parterre au-dessus des musiciens réunissent une petite assemblée de choix, habits clairs et perruques poudrées, grands seigneurs, gens de lettres, amis personnels de la marquise. C'est le même public que l'on retrouvera chez elle, à Bellevue, quand le Roi décidera d'y transporter le spectacle de ses Cabinets.

Toute cette installation avait été faite sans la moindre participation des Premiers gentilshommes de la Chambre. Ils auraient dû intervenir à double titre, d'abord parce qu'ils avaient dans leurs attributions tous les spectacles, ensuite parce que l'Escalier des Ambassadeurs, faisant partie du Grand Appartement, se trouvait dans leur juridiction. On s'était pourtant passé d'eux, et le duc de la Vallière donnait toujours ses ordres directement aux musiciens et aux agents des Menus, utilisant le matériel, disposant des voitures, sans que le duc d'Aumont osât s'opposer à ces empiétements audacieux. Sur quelques difficultés qu'il avait faites pour payer des fournitures, madame de Pompadour s'était plainte et le Roi avait répondu plaisamment : « Laissez revenir Son Excellence, vous verrez bien autre chose ! »

M. de Richelieu, que Louis XV appelle Son Excellence depuis sa courte ambassade à Vienne, n'est pas homme à laisser amoindrir les privilèges de sa charge. Le jour même où il prend son année, il écrit au Roi une lettre « très respectueuse, mais très forte », pour protester contre les abus introduits par M. de la Vallière. Le Roi n'ayant pas fait de réponse, il affecte de prendre ce silence pour un acquiescement. Il laisse rétablir le petit théâtre, enlevé pour les cérémonies du 1er janvier, et commencer les répétitions ; puis il envoie ses ordres : nulle voiture de la Cour ne sera fournie désormais sans billet signé de lui ; les girandoles, chandeliers, cristaux et fausses pierreries ne sortiront plus des magasins des Menus sans sa permission ; aucun ouvrier ou musicien de la Chambre ne sera employé qu'avec son autorisation.

Fort émus de cette injonction, les musiciens habitués des Cabinets viennent chercher des éclaircissements auprès de lui ; il leur confirme de vive voix que son interdiction vise bien les spectacles de madame de Pompadour. Le duc de la Vallière s'étant permis une remarque, Richelieu lui demande ironiquement s'il aurait acheté, par hasard, une cinquième charge de Premier gentilhomme. On raconte à Paris qu'une altercation assez vive s'est élevée entre eux, et qu'en dernier argument Richelieu, jadis fort ami de la duchesse de la Vallière, a fait les cornes à son mari. On prête ici au maréchal une grossièreté peu vraisemblable, mais il est certain qu'il a maintenu ses droits avec énergie.

La situation tendue ne peut se prolonger bien longtemps. La marquise porte sa colère au Roi, gémit, trépigne ; et le soir, au débotté, le maître, d'un ton glacé, demande à Richelieu combien de fois Son Excellence est allé à la Bastille : « Trois fois, Sire » ; et le Roi, continuant sa conversation, se met à rappeler les trois motifs. La question faite au nouveau maréchal est d'assez mauvais augure ; il le comprend et ne s'obstine pas. Comme il n'a jamais cessé de paraître assidûment chez madame de Pompadour, il prend une occasion de l'assurer de son infini désir de ne lui point déplaire, et tout s'arrange. On le voit causer avec M. de la Vallière comme si rien ne s'était passé. Il n'y a aucun changement pour le théâtre des Cabinets, sauf que le Premier gentilhomme donne à chaque musicien, et une fois pour toutes aux Menus, l'ordre général de se mettre à la disposition de la marquise. C'est une satisfaction platonique, qui masque mal une défaite sérieuse de Richelieu : sa seule ressource est d'assurer qu'il n'attachait à la chose aucune importance. On veut l'en croire sur parole : « M. de Richelieu, écrit Luynes, a mis tant d'art, tant d'esprit, tant de politesse et même de galanterie pour madame de Pompadour dans toute cette affaire, que leur liaison ni son amitié pour M. de la Vallière n'ont pas été un moment altérées. » On pense toutefois que M. de la Vallière a besoin d'être consolé de quelques ennuis, puisqu'il reçoit le cordon bleu à la promotion de la Chandeleur.

Ainsi, les espérances mises en M. de Richelieu avaient été trompées. Quel fonds pouvaient faire les politiques sur un homme qui n'avait même pas su reprendre les droits de sa charge? Et quelle opposition demeurait possible contre une femme qui disposait à son gré du Roi, l'emmenait coucher chez elle à deux pas de Versailles, dans son petit château de La Celle, d'où il rentrait seulement pour le Conseil, et qui jamais ne le laissait plus d'un quart d'heure seul avec un ministre? Les créatures de la marquise commençaient à remplir les hautes fonctions. Il n'y avait guère qu'une seule puissance dont elle ne disposât point, puissance incertaine encore, mais déjà inquiétante, et dont le rôle, avec tant de questions graves qui se posaient dans l'État, grandissait d'année en année; c'était l'opinion publique. D'abord favorable ou indifférente, elle se déchaînait maintenant contre la favorite et, dirigée par des gens habiles, la rendait responsable des fautes du gouvernement et du mécontentement universel.

La misère augmente à Paris et dans les provinces: c'est un fait qu'on ne peut nier et qu'assurent tous les intendants. En ce même temps, le Roi, qu'irritent sans l'éclairer les remontrances du Parlement, a laissé porter la dette de l'État, pour les besoins de la guerre, à un chiffre qu'elle n'a jamais atteint. Le ministre Machault a bien conçu un système général de réformes qui enrichirait l'agriculture, développerait l'industrie et rendrait plus facile et plus équitable le paiement de l'impôt; mais l'application du plan est rendue difficile par le désordre qui s'est introduit dans les finances. Des gaspillages scandaleux s'y produisent. On ne trouve pas d'argent pour restaurer la marine de guerre, qui se détruit et se réduit chaque jour; mais le service des Bâtiments du Roi, que dirige l'oncle de madame de Pompadour, dispose de sommes considérables pour de petites bâtisses sans valeur, qui coûtent autant que les somptuosités de Louis XIV et qu'on démolit au moindre caprice. Pour la marquise seule, on travaille en dix maisons à la fois. Les pensions sont prodiguées; des gratifications énormes paient les moindres services, pour peu que la faveur les recommande.

Toutes les dépenses de la Cour se surchargent sans contrôle. Les petits voyages du Roi sont ruineux: quatre jours de déplacement reviennent à cent mille livres d'extraordinaire. Que dire des grands voyages où tout un monde de serviteurs suit Leurs Majestés! Madame Infante vient de se rendre à Versailles pour voir son père et lui présenter sa fille, la petite Infante Isabelle; le voyage a coûté quatre cent mille livres depuis la frontière; et, pour ramener Madame Victoire du couvent, où s'est achevée son éducation, quoiqu'il n'y ait eu qu'à aller à Fontevrault et en revenir, le Roi a voulu, comme pour une arrivée de Dauphine, un tel faste, de tels honneurs, qu'on a dépensé tout près d'un million! Quelque fabuleux qu'ils semblent, ces chiffres sont sûrs; et l'on se figure, en face d'une telle réalité, ce que peuvent ajouter et inventer les gens d'imagination, dont la France a toujours fourmillé; on devine l'exaspération des peuples surchargés d'impôts et les malédictions qui commencent à monter vers le trône.

La politique extérieure du royaume ne donne confiance à personne. La paix générale qu'on vient de proclamer ne satisfait point, après tant d'espérances conçues pour d'éclatantes victoires; ces longues et coûteuses campagnes n'ont valu à la France aucun avantage considérable. On regrette tant de sang versé à la seule fin d'obtenir un duché en Italie pour l'Infant don Philippe, gendre de Louis XV, et ce duché de Parme, Plaisance et Guastalla, est jugé un médiocre établissement pour une fille aînée de France. On trouve que le Roi abandonne bien aisément toutes ses conquêtes et laisse à l'Angleterre la part trop belle. Il serait sage d'observer que l'infériorité de la marine française rend impossible une prolongation de la guerre, qui perdrait sans ressource le commerce et les colonies ; mais l'opinion est moins frappée de cette vue raisonnable qu'elle n'est indignée, par exemple, de l'expulsion du prince Charles-Édouard, qu'on a arrêté, sur l'ordre du Roi, au sortir de l'Opéra, qu'on a fouillé, garrotté, mis en voiture pour Vincennes, puis jeté à la frontière. Tout Paris est ardemment jacobite, et le sentiment chevaleresque de la nation est révolté de cet acte de violence, accompli, dit-on, par bassesse envers les Anglais.

Cet incident et d'autres, qui appartiennent à la chronique toujours agitée de la capitale, excitent extrêmement les esprits. La célébration de cette paix, à laquelle le ministère voulait donner quelque éclat, échoue piteusement, un jour de février 1749, par un temps de neige et de brouillard, au milieu des mauvaises dispositions du public. On entend des huées dans les rues que suit le cortège, et, sur chaque place, après la proclamation du roi d'armes, quand l'archer entonne l'antienne : *Vive le Roi!* la masse des assistants s'abstient de pousser le cri ordinaire. Aux Halles, les harengères se querellent en disant : « Tu es bête comme la paix ! », ce qui est encore une façon de raisonner de la politique ; et la maigre suppression de plusieurs petits droits, dont on a pensé réjouir le peuple, ne sert qu'à multiplier les murmures sur les dilapidations de « la gueuse du Roi ».

A cette date se place la plus curieuse peut-être des lettres inconnues de la marquise. Elle y marque son sentiment sur les choses du temps, et y mentionne assez vivement certaines attaques, auxquelles elle n'est pas encore accoutumée. C'est à Voltaire qu'elle l'adresse, à propos d'un service qu'il lui a demandé. Elle a fait agréer l'exemplaire de dédicace du *Panégyrique de Louis XV*, traduit en quatre langues, latin, espagnol, italien et anglais, que l'auteur a imprimé avec l'espoir d'attirer enfin la bienveillance du maître. C'est assurément ce bel exemplaire, relié en maroquin bleu aux armes royales, avec filets et dentelles, que M. de Richelieu a négligé de remettre, quand le Roi a reçu l'Académie à l'occasion de la paix. Madame de Pompadour s'est trouvée plus obligeante. Elle se montre tout entière dans sa réponse, avec sa bonté et ses prétentions, son petit ton protecteur et conseiller, et aussi dans les apprêts de son style, qu'elle guinde et fleurit pour M. de Voltaire :

« J'ai reçu et présenté avec plaisir au Roi les traductions que vous m'avez envoyées, Monsieur. Sa Majesté les a mises dans sa bibliothèque, avec des marques de bonté pour l'auteur. Si je n'avais pas su que vous étiez malade, le style de votre seconde lettre me l'aurait appris. Je vois que vous vous affligez des propos et des noirceurs que l'on vous fait. N'y devriez-vous pas être accoutumé et songer que c'est le sort de tous les grands hommes d'être calomniés pendant leur vie et admirés après leur mort? Rappelez-vous ce qui est arrivé aux Corneilles, Racines, etc., et vous verrez que vous n'êtes pas plus maltraité qu'eux. Je suis bien éloignée de penser que vous ayez rien fait contre Crébillon. C'est, ainsi que vous, un talent que j'aime et que je respecte. J'ai pris votre parti contre ceux qui vous accusaient, ayant trop bonne opinion de vous pour vous croire capable de ces infamies. Vous avez raison de dire que l'on m'en fait d'indignes ; j'oppose à toutes ces horreurs le plus parfait mépris, et suis fort tranquille, puisque je ne les essuie que pour avoir contribué au bonheur du genre humain en travaillant à la paix. Quelque injuste qu'il soit à mon égard, je ne me repens pas d'avoir contribué à le rendre heureux ; peut-être le sentira-t-il un jour. Quoi qu'il en arrive de la façon de penser, je trouve la récompense dans mon cœur, qui est et sera toujours pur. Adieu ; portez-vous bien ; ne songez pas à aller trouver le roi de Prusse ; quelque grand roi qu'il soit et quelque sublime que soit son esprit, on ne doit pas avoir envie de quitter notre Maître, quand on connaît ses admirables qualités. En mon particulier, je ne vous le pardonnerais jamais. Bonjour. »

Tel que nous savons Voltaire, cette lettre lui apporte à la fois piqûres et caresses. Il est satisfait cependant, puisque le *Panégyrique* est arrivé à son adresse, et sa reconnaissance s'exprime en des termes qui doivent lui préparer d'autres faveurs. Il termine alors, comme historiographe royal, son récit de la dernière guerre et analyse le traité qui y a mis fin ; l'exemplaire manuscrit qu'il envoie à la marquise s'achève par ces lignes extraordinaires : « Il faut avouer que l'Europe peut dater sa félicité du jour de cette paix. On apprendra avec surprise qu'elle fut le fruit des conseils pressants d'une jeune dame du plus haut rang, célèbre par ses charmes, par des talents singuliers, par son esprit et par une place enviée. Ce fut la destinée de l'Europe dans cette longue querelle, qu'une femme [Marie-Thérèse] la commençât et qu'une femme la finît. La seconde a fait autant de bien que la première avait causé de mal, s'il est vrai que la guerre soit le plus grand des fléaux qui puissent affliger la terre et que la paix soit le plus grand des biens qui puissent la consoler. »

Madame de Pompadour, décidément promise à l'immortalité, ne doutait point que cette page ne fût un jour imprimée ; aussi, n'avait-elle plus rien à refuser à ce beau flatteur. Il avait, cette fois, frappé juste et dépassé d'un seul coup tout ce que pouvait donner Crébillon. Il en résulta un brevet du Roi, du 27 mai 1749, accordant au sieur Arouet de Voltaire la faculté de vendre la charge de gentilhomme ordinaire de sa Chambre, et lui en conservant, par faveur spéciale, le titre, le privilège et les fonctions. Le don de la charge ayant été gratuit, c'était un présent d'une soixantaine de mille livres qu'il recevait, et qui payait de façon royale la dette de « la jeune dame du plus haut rang » ; c'était, en même temps, libérer honorablement Voltaire de ses devoirs envers un souverain, décidément trop insensible à ses louanges. Rien ne l'empêchait plus d'aller terminer *la Pucelle* chez le roi de Prusse.

Quelle que soit l'abnégation du « cœur pur » de la marquise, qui se flatte de ne vouloir que « le bonheur du genre humain », elle est trop femme pour ne point cruellement sentir l'hostilité de l'opinion publique, et l'hypocrisie des courtisans intéressés à la flatter. Par là commence l'expiation de sa fortune, qui ne cessera qu'avec son règne. Chaque jour ces pamphlets infâmes dirigés contre elle lui portent une nouvelle blessure. Les mécontents la prennent à parti dans les libelles anonymes qui foisonnent ; la Cour, les salons, les rues, la chansonnent avec des mots qui raillent et qui méprisent. Et madame de Pompadour, douce pourtant et bonne, perdra parfois, en son indignation, toute douceur et toute bonté ; les murs de la Bastille lui sembleront à peine assez épais pour étouffer la voix des pamphlétaires.

Pour la première fois, en cette littérature clandestine, la personne de Louis XV a sa large part des sarcasmes et des menaces. Les estampes s'en mêlent ; une de celles que saisit la police montre le Roi enchaîné par la marquise et fouetté par les étrangers. Les auteurs de ces hardiesses restent inconnus, comme s'ils étaient soutenus et sauvés par des protections mystérieuses. Jamais pourtant le manteau des colporteurs n'abrita d'outrages aussi violents pour la personne royale, que la prophétie dont voici quelques vers, enflammés déjà par un esprit de révolution :

> Louis, dissipateur des biens de tes sujets,
> Toi qui comptes les jours par les maux que tu fais,
> Esclave d'un ministre et d'une femme avare,
> Louis, apprends le sort que le ciel te prépare.
> Si tu fus quelque temps l'objet de notre amour,
> Tes vices n'étoient pas encor dans tout leur jour...

Tu verras chaque instant ralentir notre zèle
Et souffler dans nos cœurs une flamme rebelle :
De guerres sans succès fatiguant tes États,
Tu fus sans généraux, tu seras sans soldats...
Tu ne trouveras plus des âmes assez viles
Pour oser célébrer tes prétendus exploits,
Et c'est pour t'abhorrer qu'il reste des François !...

D'autres placards, moins âpres et plus venimeux, décèlent assez clairement leur origine. Le poète, qui flétrit le Roi endormi « dans le sein de la honte », s'indigne surtout de le voir épris d'une « femme obscure ». Si des cercles parlementaires sortent certains pamphlets qui font songer aux « mazarinades », c'est en meilleur endroit que se préparent les « poissonnades » les plus perfides. M. Berryer, lieutenant de police, tout dévoué à la marquise, traverse un jour la Grande Galerie de Versailles ; il est assailli par un groupe de petits-maîtres, qui lui demandent assez insolemment quand il fera cesser toutes ces chansons horribles contre le Roi ; son prédécesseur, clament-ils, feu M. d'Argenson, aurait bien su trouver les auteurs, tant il connaissait Paris. Berryer les regarde dans les yeux et dit : « Je connais Paris, Messieurs, autant qu'on le puisse connaître ; mais je ne connais pas Versailles ! » Les beaux parleurs n'ont plus qu'à pirouetter sur leurs talons rouges.

Depuis longtemps, madame de Pompadour est persuadée que M. de Maurepas est l'inspirateur des libelles. Quand elle parle au Roi, les larmes aux yeux, de ces horreurs épouvantables, elle lui nomme sans hésiter « le président de la fabrique ». Si toutes les chansons ne sont pas de lui, quelques couplets sûrement portent sa griffe. La marquise est certaine, tout au moins, que sa haine assure l'impunité à ceux qui les répandent. Elle prétend même qu'il cherche à l'empoisonner. Aux soupers des Cabinets, devant le Roi, elle ne veut manger de rien la première ; les jours maigres, elle refuse avec affectation les mets gras préparés pour elle. La nuit, elle fait coucher, à côté de sa chambre, un chirurgien muni de contrepoisons. En ce moment, son humeur est mauvaise ; elle est malade d'une perte, dont on dit la cause à l'oreille, et que son médecin Quesnay passe pour avoir provoquée. Sa langueur, sa fièvre plaident pour elle. Au reste, ces mines, ces gémissements, ces accusations, à la longue, fatiguent le Roi. Il ne saurait croire au poison ; mais des propos fort authentiques lui ont été rapportés, qui sont bien du plus vif esprit de Maurepas et qui, par malheur, mordent au point le plus sensible de son amour-propre. Il dira plus tard au Dauphin : « J'ai été indulgent et n'ai pas puni trop vite. Sachez que M. de Maurepas a mérité bien davantage. »

En vérité, le comte a abusé de sa fortune : il s'est fié plus que de raison à cette longue familiarité avec son maître, à ce sentiment d'être le premier ministre avec qui Louis XV eût travaillé et du travail le plus facile. Comme on l'attaque de préférence sur la marine, qui a périclité entre ses mains, il compte se défendre par son éternel argument : ne lui a-t-on pas toujours refusé les fonds indispensables pour refaire les bâtiments, les ports, les arsenaux? Soutenu par le parti dévot, par la meilleure compagnie de Paris, par l'affection du Dauphin et de la Reine, il s'imagine être indispensable et invulnérable, et il s'est juré, par surcroît, de prendre la revanche sur madame de Pompadour de son échec avec madame de Châteauroux.

Madame de Pompadour a trouvé en Richelieu, ordinairement son adversaire, un allié inattendu. Celui-ci ne s'est jamais réconcilié avec Maurepas, qu'il accuse de l'avoir écarté du ministère, et toute occasion lui semble bonne pour venger l'ancienne injure. Il a fait passer à la marquise un mémoire très renseigné contre l'administration de la marine. Auprès du Roi, leurs propos se font écho, sans même s'être concertés. De chaque côté, Louis XV entend murmurer les mêmes dénonciations et gronder les mêmes colères. Un ministre moins infatué devinerait ce qui se passe, éventerait le complot de la favorite ou du moins sentirait qu'il est impossible de l'emporter « sur un ennemi de cette espèce » : il obtiendrait sa retraite, sans attendre la disgrâce, et déposerait le pouvoir avec honneur. Maurepas préfère s'amuser du danger et braver le risque. Il est toujours le premier, sans qu'on sache comment, à connaître les couplets nouveaux de ces chansons dont s'irrite le Roi ; il les met sur le compte de Richelieu ou du duc d'Ayen, qui, sans nul doute, n'en sont point incapables ; mais c'est lui qui les colporte chez ses amis et les dit devant tout le monde, maîtres et valets, insouciant des oreilles qui les écoutent.

Un matin, madame de Pompadour en personne entre chez lui, accompagnée de madame d'Estrades · « On ne dira pas, dit-elle, que j'envoie chercher les ministres; je viens les chercher »; puis, brusquement : « Quand saurez-vous donc les auteurs de ces chansons? — Quand je le saurai, Madame, je le dirai au Roi. — Vous faites, Monsieur, peu de cas des maîtresses du Roi. — Je les ai toujours respectées, Madame, *de quelque espèce qu'elles fussent*. » Le soir même, chez la maréchale de Villars, comme on lui fait compliment de la belle visite qu'il a reçue : « Oui, dit-il, de la marquise; cela lui portera malheur. Je me souviens que madame de Mailly vint aussi me voir deux jours avant que d'être renvoyée pour madame de Châteauroux. Celle-ci, on sait que je l'ai empoisonnée! Je leur porte malheur à toutes. » Le propos, tenu devant trente personnes, monte tout droit aux Petits Cabinets; on prétend que c'est celui qui va déchaîner la foudre.

Jamais, au reste, Louis XV n'a fait meilleure mine au compagnon de sa jeunesse. Le matin du 23 avril, au lever, celui-ci est étourdissant, comme à l'ordinaire, d'anecdotes et de bons mots; on n'écoute que lui, et le Roi, gagné avec tout le monde par la gaieté du brillant parleur, rit à gorge déployée. Maurepas annonce qu'il va, le soir, à la noce de mademoiselle de Maupeou, fille du Premier Président. « Je vous ordonne de vous bien divertir », dit le Roi, qui, de son côté, décide un voyage à La Celle, chez la marquise. Richelieu est parmi les familiers qui vont y coucher avec lui. Le lendemain, à huit heures, le duc arrive à Paris, au Palais, pour assister à la grande séance du Parlement où doit être reçu le maréchal de Belle-Isle. Son allure joyeuse frappe plusieurs personnes : « Regardez bien M. de Richelieu, dit quelqu'un ; il a l'air d'un homme hors de lui-même. Il doit y avoir quelque chose sur M. de Maurepas. »

Au même moment, à Versailles, le comte d'Argenson, qui a été réveillé à deux heures par un pli du Roi apporté de La Celle, entre chez Maurepas, revenu fort tard de sa noce. De ministre à ministre, on se devine au premier regard. La lettre que remet d'Argenson est sèche et de quelques phrases seulement : « Vos services ne me conviennent plus. Vous donnerez votre démission à M. de Saint-Florentin. Vous irez à Bourges ; Pontchartrain est trop près. Vous ne verrez que votre famille. Point de réponse. » Rarement disgrâce fut aussi cruellement signifiée. D'ailleurs, l'exil qui commence est de ceux qui durent : tant que Louis XV vivra, M. de Maurepas ne pourra reparaître à Versailles et devra expier, vingt-cinq années durant, le crime d'avoir chansonné une favorite.

Après avoir porté ce grand coup, madame de Pompadour est bien, cette fois, en possession reconnue du pouvoir. Qu'elle en fasse volontairement abus, personne ne pourrait sérieusement le dire. Il est certain qu'elle pense aux intérêts du Roi, et qu'elle soutient auprès de lui, pour les postes et les honneurs, ceux qu'elle croit les plus dignes de les obtenir. Ces gouvernements de favoris n'ont pas d'intérêt à faire de mauvais choix et, parmi leurs créatures, ce sont souvent les plus capables qu'ils font avancer, parce que seuls les plus capables les servent bien. Mais jamais crédit de maîtresse n'a été plus grand que celui de la marquise. Aucun mémoire, aucun avis n'est remis au Roi sans qu'elle en accorde la permission. Rien n'arrive à lui qu'en passant par elle. Les valets et les gens de service lui sont dévoués; elle tient le reste de l'intérieur par l'ambition ou l'intérêt, par l'argent des Pâris ou la séduction caressante de ses grâces, Hommes, places, crédit, tout est à elle; il n'y a faveur si mince qui ne soit transmise par ses mains ; et personne n'ose plus contrecarrer ses choix ni discuter ses décisions.

Le seul ministre qui y pense encore et qui s'y prépare, M. d'Argenson, ajourne les complots à des temps plus favorables. La Cour vient de recevoir une leçon de prudence qui ne saurait être perdue. La « dame », comme on l'appelle, prend à présent des manières de reine, a son jour pour donner audience aux ambassadeurs, dit, en parlant d'elle et du Roi : « Nous verrons », s'amuse à des étiquettes sévères, ne met qu'un fauteuil chez elle pour obliger les grands seigneurs à rester debout. Ces airs n'étonnent plus personne, et, dans ce milieu courtisan, où l'élégance des façons masque la médiocrité des cœurs, si quelques-uns se gardent encore le droit de sourire, nul ne songe à protester ni à se plaindre.

De quoi se plaindraient, au reste, les gens de cour avisés, qui peuvent, par un compliment bien tourné, désarmer les préventions de la femme et s'ouvrir le chemin des profitables faveurs? Ceux qui approchent le plus madame de Pompadour à cette époque de sa vie s'accordent à dire qu'elle ne mérite pas la haine dont tant de pamphlétaires la poursuivent D'ailleurs, le prince de Croÿ nous fait comprendre pourquoi la Cour l'accepte si aisément; c'est qu'on risquerait, en la perdant, d'avoir beaucoup plus mal : « Le Roi était dissipé par ses voyages continuels, où il cherchait à se distraire et où la marquise n'oubliait ni soins ni dépenses pour cela. Elle était d'ailleurs bonne, habile, et, quand on avait parlé de l'infidélité du Roi, tout le monde s'était intéressé pour elle, car, *puisqu'il en fallait une*, on était plus content de celle-là que des autres, dont on aurait craint pis. Ce qu'il y avait le plus à lui reprocher, c'étaient les dépenses considérables pour des riens et le dérangement que cela paraissait mettre dans les finances. Tout le reste parlait en sa faveur : elle protégeait les arts et en général faisait du bien et point de mal. »

Il faut garder ce point de vue, si l'on veut apprécier avec équité ce rôle de femme dans notre histoire. Le caractère de la marquise a été jugé trop souvent d'après les gens qui ont eu à se plaindre d'elle. Bernis, pour qui elle va enfin trouver une ambassade, qu'elle élèvera et détruira ensuite, dès qu'il cessera d'être docile, lui rend à peu près seul une justice exempte de ressentiment : « La marquise n'avait aucun des grands vices des femmes ambitieuses ; mais elle avait toutes les petites misères et la légèreté des femmes enivrées de leur figure et de la supériorité de leur esprit : elle faisait le mal sans être méchante, et du bien par engouement ; son amitié était jalouse comme l'amour, légère, inconstante comme lui, et jamais assurée. »

A les bien lire, il semble que ces lignes définissent moins une femme que toutes les femmes. En les appliquant à madame de Pompadour, on en doit conclure seulement qu'elle fut femme au degré suprême, et cette simple observation sert peut-être à expliquer ses qualités, ses insuffisances, ses grâces et ses faiblesses.

CHAPITRE V

LES VOYAGES, LES MAISONS, LA FAMILLE

La « fonction » que remplit madame de Pompadour, et qui lui confère tant de pouvoir, ne va pas sans de grandes fatigues et une prodigieuse dépense d'elle-même. Pour s'assurer une fidélité qui commence à faiblir, il lui faut se prêter à voyager sans cesse. Louis XV a un besoin de déplacer sa personne et de changer son horizon, où se révèle l'incurable malaise de son ennui. Plus encore qu'autrefois, il est toujours « par voie et par chemin », et ne séjourne guère à Versailles. A chaque instant, il part pour un des petits châteaux, où les courtisans le suivent par groupes d'invités. Ils ont imaginé un uniforme spécial à chaque résidence, qu'il faut obtenir du Roi le droit de porter : à Choisy, par exemple, l'habit est vert, avec un grand galon d'or et un bordé ; à Crécy, l'habit de même couleur a un simple bordé et des boutonnières d'or. Ces faveurs sont pour une vingtaine de familiers, rarement nommés deux fois de suite ; il n'y a que la marquise qui soit de tout et ne quitte jamais le maître.

La vie du Roi dans les petits châteaux n'est racontée par personne. Seul de toute cette réunion de grands seigneurs, le prince de Croÿ a pris la peine de fixer le souvenir de quelques-unes de ces journées : « Je fis la politesse à madame de Pompadour, écrit-il en mars 1751, de lui demander à être des voyages et, le 7 mars, j'allai pour la première fois passer la journée avec le Roi à la Muette. J'y vis les nouveaux ouvrages ; les trois beaux salons et les souterrains sont superbes ; le reste, peu de chose ; on faisait une terrasse et une augmentation vers le Bois. On y vivait avec beaucoup de liberté. Il y avait un grand dîner, mais le souper était le plus considérable, étant le repas du Roi. Il se promenait, s'il faisait beau, ou jouait dans le salon après dîner. Ensuite il travaillait ou tenait conseil. A huit heures et demie, tout le monde se rassemblait au salon; il venait y jouer; à neuf heures, on soupait à une très grande table à dix. C'était M. le Premier, gouverneur de la Muette, qui servait le Roi et le nourrissait, les dépenses du total étant passées sur le compte qu'il en donnait. Nous étions ce jour-là à table, à prendre du Roi par sa gauche: le Roi, madame la marquise de Pompadour, prince de Soubise, duc de Luxembourg, marquis d'Armentières, marquis de Voyer, comte d'Estrées, prince de Turenne, comte de Maillebois, marquis de Sourches, marquis de Choiseul, comte de Croissy, madame du Roure, duc de Boufflers, marquis de Bauffremont, duc de Broglie, prince de Croÿ, marquis de Pignatelli, duc de Chevreuse, duc de Chaulnes, duc de la Vallière, marquis de Gontaut, duc de Richelieu, madame la duchesse de Brancas, duc d'Ayen et madame d'Estrades; à une petite table étaient MM. de Laval et de Beuvron. Ce voyage était très gai. La marquise fut surtout très enjouée; elle n'aimait aucun jeu et jouait surtout pour polissonner et être assise... Le Roi faisait deux parties après souper, car il aimait le gros jeu, et les jouait tous très bien et très vite, et il se couchait vers les deux heures. C'est ainsi qu'était la vie de tous les petits châteaux. Après le coucher, je revins à Paris ; il n'y a qu'un pas, car c'est l'endroit où le Roi approche le plus de sa capitale. »

Les privilégiés, qui passaient ces aimables heures dans l'intimité royale, ne semblaient pas se douter des haines qui s'amassaient contre l'autorité, dans cette capitale toute voisine. Chaque année d'administration détestable aggravait les causes de ce malaise financier, contre lequel on ne luttait plus et qui devait, à la fin du siècle, emporter la monarchie. Le Roi, entouré de flatteurs ou de gens timides, n'entendait, dans ces réunions de courtisans, que des paroles complaisantes. Son indolence, « qui laissait tout aller », n'était secouée par nul avis sérieux. Les questions du temps se traitaient par ces allusions légères où l'esprit tient lieu de bonnes raisons. Les plus habiles s'ingéniaient à exciter les secrètes hostilités de leur maître. Quand le Parlement de Paris va se mêler de rappeler la Cour aux économies nécessaires, il se trouvera quelqu'un, à la table où le Roi jette de gros écus, pour dire : « Bientôt Messieurs du Parlement ne permettront plus à Votre Majesté que de jouer de petits écus. » On empoisonne l'esprit du Roi, tout le long du jour, par des paroles semblables. Si madame de Pompadour y excelle, ce n'est pas elle cependant qui donne le ton.

Lorsque la politique apparaît dans les entretiens de l'entourage, on n'en voit que les petits côtés: mécontentements de personnes ou rivalités de corps. Les graves agitations du Clergé et du Parlement ne sont ici que batailles entre clercs et robins : la volonté du Roi saura les mettre à la raison. Les hommes de cour ne sont point en état de comprendre les conséquences de ces crises qui se prolongent, ni de redouter la révolte des esprits contre les abus dont ils profitent. C'est encore un des leurs, M. de Croÿ, qui en fait l'aveu : « On ne parle point, à la Cour, des grandes affaires qui font tant de bruit partout ailleurs. » Non que le Roi n'en soit quelquefois troublé, mais il s'étourdit; et la favorite n'a pas de soin plus attentif, à cette première époque de leur liaison, que d'écarter de lui des préoccupations qui le lui disputent.

Elle apporte à cette œuvre intéressée un dévouement et une persévérance qu'on voudrait voir mieux appliqués. Elle achète ses heures d'intimité et d'abandon par un sacrifice constant de ses goûts, une vie nomade et un surmenage sans répit. On devine, en quelques-unes de ses lettres, à quel point elle préférerait une autre existence : « Vous croyez que nous ne voyageons plus, écrit-elle à la comtesse de Lutzelbourg. Vous vous trompez, nous sommes toujours en chemin : Choisy, la Muette, Petit-Château [La Celle] et certain Ermitage, près de la grille du Dragon, à Versailles, où je passe la moitié de ma vie. Il a huit toises de long sur cinq de large, et rien au-dessus ; jugez de sa beauté ; mais j'y suis seule ou avec le Roi et peu de monde : ainsi j'y suis heureuse. » Et un autre jour, pour excuser un long silence dont cette amie éloignée pourrait se plaindre, elle jette quelques lignes bien significatives : « La vie que je mène est terrible ; à peine ai-je une minute à moi. Répétitions et représentations, et deux fois la semaine voyages continuels, tant au Petit-Château qu'à la Muette, etc. Devoirs considérables et indispensables, Reine, Dauphin, Dauphine..., trois filles, deux infantes ; jugez s'il est possible de respirer ; plaignez-moi et ne m'accusez pas. »

C'est une vie terrible, en effet, où toutes les forces de l'esprit et des nerfs doivent demeurer constamment tendues. Mais d'Argenson exagère, quand il écrit, toujours par ouï-dire, il est vrai, que « la marquise change chaque jour jusqu'à devenir un squelette ; le bas du visage est jaune et desséché ; pour la gorge, il n'en est plus question ». La favorite restera jolie quelque temps encore ; ses familiers, autant que ses peintres, nous l'attestent ; cependant il n'est vigueur ni beauté qui puisse résister aux excès d'une telle existence, de laquelle s'accommode seule l'extraordinaire santé de Louis XV.

Pour le plaisir de faire un glorieux chemin à ses côtés, plutôt que pour l'intéresser à la marine, qu'il est toujours question de reconstituer, madame de Pompadour organise un voyage du Roi en Normandie. Le déplacement royal semble sans apparat, bien qu'une énorme dépense en résulte. Le Roi est dans un « vis-à-vis », avec un seul courtisan ; suivent une berline pour quatre dames, une seconde berline et une gondole à six. Mais tous les services de bouche et autres, qui demandent un personnel considérable, ont pris les devants et attendent Sa Majesté au Havre. On part de Crécy, en chassant le long du chemin, dans la forêt de Dreux ; on va prendre les voitures à la porte du château d'Anet, où la vieille duchesse du Maine vient faire sa cour, et l'on arrive à la nuit close, par les avenues illuminées, au château de Navarre. C'est un des plus beaux domaines du pays normand, et le duc de Bouillon y a préparé une réception somptueuse. Le Roi visite les jardins dessinés par Le Nôtre, se promène en calèche dans la forêt d'Évreux, assiste à une chasse, et repart de nuit pour entrer à Rouen sur les huit heures du matin. On ne fait que traverser la ville, dont les rues sont tendues magnifiquement et où la population acclame le Roi. Il s'arrête seulement pour voir la manœuvre du pont de bateaux sur la Seine et le passage d'un navire, remonte aussitôt en carrosse et arrive au Havre, à six heures du soir, au bruit des canons du port et de la citadelle.

Sa Majesté est descendue, avec sa suite, à l'Hôtel de Ville, où elle est d'ailleurs assez mal logée. Le duc de Penthièvre, les ministres de la marine et de la guerre, MM. Rouillé et d'Argenson, sont présents. Le lendemain, après l'audience du Parlement de Rouen et de la Chambre des Comptes, le Roi va au bassin intérieur, qu'il voit d'abord à sec, puis rempli ; on fait manœuvrer devant lui une flûte de trente-six canons, nouvellement construite, et trois vaisseaux sont lancés à la mer. En sortant du port, sur la rade, où l'on a pu réunir près de deux cents bâtiments, le Roi assiste à un combat de trois frégates, et, à ces divers spectacles, il doit prendre une idée de la marine marchande et militaire de son royaume. Au retour, ayant repassé par sa bonne ville de Rouen, il va coucher à Bizy, château du maréchal de Belle-Isle, dont les honneurs sont faits, en son absence, par le duc de Luxembourg, et le lendemain soir on est à Versailles.

Ce voyage ne s'est pas accompli sans provoquer des murmures. Cette promenade affichée de la maîtresse à travers la France a causé quelque scandale ; au surplus, la charge s'est trouvée lourde pour les villes et la province, aussi bien que pour le Trésor, et chacun dit que le Roi a dépensé beaucoup trop, dans l'état présent des finances, pour faire voir la mer à la marquise et manger avec elle du poisson frais.

De plus grandes plaintes se font entendre à chaque construction ou création de pur agrément que multiplie le caprice de madame de Pompadour. Le peuple lui reproche une dilapidation continuelle et un effronté mépris de sa détresse. Il est vrai que la favorite a beaucoup de maisons, et l'on peut trouver qu'elle jette trop aisément l'argent du Roi aux maçons, aux jardiniers, aux décorateurs. On a le total de ce genre de dépenses : elles monteront, pour vingt années, à 6 millions 510 362 livres, ou, suivant un autre état, à 7 millions 443 723 livres ; c'est l'impardonnable fantaisie que la France appauvrie a dû payer à la marquise. Mais en faut-il exagérer la folie ? Ces prodigalités, dont profitent d'ailleurs l'art et les artistes, ne sont point un don pur et simple fait à une maîtresse avide. Il ne faut pas oublier qu'elle bâtit presque toujours sur des terrains appartenant au Roi et que ces belles habitations, en fin de compte, doivent rester à la Couronne.

La maison de l'Ermitage de Versailles, par exemple, qu'on a beaucoup blâmée et qui a coûté trois cent mille livres, s'élève sur une partie du parc dont la jouissance seule est accordée à la marquise, « sa vie durant », et qui fait, après elle, retour au Roi. Elle édifiera de même façon ses autres « ermitages », dans les deux grandes résidences de la Cour, à Fontainebleau et à Compiègne, ainsi que son hôtel de Versailles, bâti auprès du Château, tout contre le mur des réservoirs du jardin, et qu'un corridor construit exprès met en communication avec l'aile du Nord. Ce n'est pas madame de Pompadour qui est chez elle en tous ces logis, c'est le Roi.

Plus importante sera l'acquisition qu'elle va faire à Paris, en 1753, du magnifique hôtel d'Évreux, dans les Champs-Élysées, payé sept cent trente mille livres. Il sera agrandi et refait presque entièrement, splendidement meublé et tendu de gobelins au chiffre royal, transformé enfin en habitation princière, pour la raison que la marquise peut y recevoir le Roi; et bientôt, par un article de son testament écrit en 1757, elle le suppliera d'accepter le don de cet hôtel, « susceptible de faire le palais d'un de ses petits-fils ». Ce sera là sa véritable maison, et on comprend qu'elle veuille une fois s'installer vraiment chez elle. Mais le séjour qu'elle aménage avec le goût le plus passionné, celui où tout est son œuvre et qui sort de son imagination de femme, comme un palais d'enchantement naît d'une fantaisie de fée, c'est Bellevue; et Bellevue, dans sa pensée, est destiné aussi à demeurer au Roi comme un souvenir d'elle.

Une vue magnifique sur le cours de la Seine, les coteaux de Saint-Cloud et la plaine de Paris, a décidé la marquise à bâtir sur le versant de Meudon qui regarde Sèvres. Le terrain royal, qui descend jusqu'à la rivière, se prête à un beau tracé de pentes et à un heureux arrangement de la perspective. Un dessin de Portail nous montre le premier état des jardins de Bellevue, alors que ni les arbustes ni le buis ne garnissent le remblai des allées, qu'aucun bosquet n'a pris forme, et que le Petit-Château, à neuf fenêtres de façade, domine, de l'élégante architecture de Lassurance, des terrasses sans marbres et sans charmilles; auprès de l'arbre unique du paysage, au milieu d'un groupe de visiteurs, on cherche la marquise, s'abritant sous son parasol de dentelles dont un baromètre d'argent incruste le manche, et faisant à quelques amis les honneurs de sa création. Il a fallu plus de deux ans et demi pour tout finir. Les travaux énormes de terrassement, la profondeur des fondations dans un sol sablonneux et glissant, ont multiplié les difficultés et les dépenses. La méchanceté publique y a trouvé ample matière. On venait voir de Paris les huit cents ouvriers qu'employait madame de Pompadour, et l'on savait trop qu'elle ne les payait point « sur ses épargnes ». On parlait de sept gros millions, qui devaient se réduire, tout compte réglé, à 2 millions 589 714 livres 11 sols 10 deniers. L'état que tenait la marquise lui permettait d'avoir une maison de campagne de ce prix ; le moment seul était mal choisi pour la construire.

Les artistes n'ont qu'à se réjouir de profusions, dont les autres médisent avec justice. Bellevue leur a été livré comme leur demeure, et, si nulle magnificence superflue ne s'y étale, on y voit paraître, sous toutes ses formes, l'art le plus délicat, le plus raffiné, celui que madame de Pompadour goûte mieux qu'aucune femme de son temps et qu'elle se plaît à inspirer.

Partout à Bellevue, la main-d'œuvre la plus chère a produit les œuvres les plus parfaites. Il n'est pas un bouton de porte, pas une espagnolette qui ne soit un bijou de ciselure. Du haut en bas de ce logis, les grands décorateurs de Versailles et des maisons royales, Verberckt et Rousseau, ont sculpté dans le bois les attributs musicaux, amoureux ou champêtres, et ont fait autour des corniches folâtrer de petits amours. Brunetti a peint de scènes mythologiques l'escalier qui mène à la merveilleuse galerie, dont la marquise a inventé elle-même le dessin d'ensemble; de légères guirlandes y encadrent une suite de panneaux de Boucher. La distribution des dessus de porte, réglée par l'oncle Tournehem, a donné à Oudry la salle à manger, à Pierre la salle de musique, à Carle Van Loo, enfin, le salon d'assemblée, où ses compositions évoquent sous forme d'allégories ingénieuses l'Architecture, la Peinture, la Sculpture et la Musique. Van Loo semble être, plus que ses confrères, le peintre de Bellevue; on lui a réservé les toiles qui ornent l'appartement du Roi, et, un peu plus tard, M. de Marigny fait placer dans la chambre à coucher de sa sœur trois de ces intérieurs turcs, où l'artiste a donné à ses odalisques et à ses sultanes les grâces de la maîtresse du logis.

La sculpture n'est point oubliée. Dans l'antichambre se dressent de sveltes figures d'Adam et de Falconet; dans les jardins, des chefs-d'œuvre de Pigalle, une statue de Louis XV, que détruira la Révolution, et un groupe, *l'Amour et l'Amitié*, honorant en un même marbre les deux divinités du lieu. Bientôt, l'Amitié seulement ayant subsisté, c'est encore Pigalle qui élèvera la nouvelle image, au milieu du bosquet préféré; il en fera un des meilleurs portraits de la châtelaine de Bellevue, et le Roi la reconnaîtra, debout sur le piédestal où jadis elle jouait avec l'Amour, et maintenant s'avançant toute seule, d'un mouvement gracieux et tendre, revêtue d'une robe flottante et la main posée sur son cœur.

L'amour dominait-il encore Louis XV, quand Bellevue fut inauguré? Il en gardait du moins toutes les apparences, pendant cette journée où madame de Pompadour lui présenta le château qui devait plus tard lui revenir. Elle avait tout préparé pour l'éblouir. Le mobilier le plus exquis, et de la forme la plus nouvelle, et les plus rares curiosités de la Chine étaient venus parer des lambris dignes de les accueillir. Mais il avait fallu penser aux installations les plus diverses, en vue des réceptions et des séjours.

On devine, par les livraisons multipliées du marchand Lazare Duvaux, faites au cours du mois de novembre 1750, que la grande préoccupation de la marquise, à ce moment, est de recevoir et de placer chez elle les meubles qu'elle a commandés. Voici d'abord, pour les chambres de la suite, dix commodes d'un modèle uniforme, bâties en chêne et plaquées en bois satiné, avec les ferrures, pieds, boutons et entrées en cuivre doré; six tables de nuit et dix tables à écrire, plaquées et garnies de même; puis les lanternes de glaces à six pans et à montants ciselés, pour le vestibule et l'escalier du Roi; les feux de bronze doré et ciselé, dont un représentant Apollon et la Sibylle, pour la chambre de Madame, et un autre figurant l'Amour et Psyché, pour celle de Sa Majesté; une grande commode de laque à pagodes, garnie de bronze doré d'or moulu, les tiroirs doublés de satin bordé d'or; une table à écrire plaquée en bois de rose avec les fleurs et les ornements dorés d'or moulu, et les cornets en argent; une table de nuit en bois de rose à fleurs; enfin, pour orner les principales pièces, les deux cabinets du Roi, la chambre et le cabinet de Madame et le salon d'assemblée, un grand nombre de paires de bras en fleurs de Vincennes à double ou triple branche. Ces fleurs sortent de la manufacture de porcelaine établie par le Roi pour plaire à la marquise et destinée à rivaliser avec les fameuses manufactures de Saxe. C'est à Bellevue qu'on a, pour la première fois, l'occasion d'en juger un ensemble, et ce n'est pas une des moindres anxiétés de madame de Pompadour que l'heureuse réussite d'une des premières créations d'art auxquelles elle se soit attachée.

Il n'y a pas de récit de l'inauguration de Bellevue, qui devait être pour elle le triomphe public de son goût et de son génie féminins. Elle y avait travaillé avec une sorte de fièvre, visitant tout, pensant à tout, s'épuisant au détail, et cela pour éprouver, le jour venu, plus d'un mécompte. La malveillance, qu'elle avait sentie pendant ses travaux, l'irritait plus qu'elle n'en voulait convenir. Quelqu'un lui étant venu dire que quantité de badauds se réuniraient dans la plaine de Grenelle pour voir son illumination, elle la contremanda bien vite, n'acceptant pas de s'exposer aux brocards des Parisiens. La beauté des intérieurs fut admirée; mais les cheminées n'étaient pas réglées et fumaient partout ; on dut même transporter le souper royal au « Taudis », petite maison au bas du jardin, qui n'avait pas l'inconvénient d'être neuve.

Après ces difficiles journées, la marquise en sentit la fatigue et fut malade. M. Poisson, qui renseignait son fils, M. de Vandières, alors en voyage en Italie, sur tout ce qui venait à sa connaissance, lui écrivait de Versailles, le 29 novembre : « Ce fut mercredi dernier, 25 de ce mois, pour la première fois, qu'on fut occuper Bellevue. La Cour y resta jusqu'au 27 ; elle y retourne mardi 1er décembre jusqu'au 4. Votre sœur eut hier une prodigieuse migraine, je n'en suis point étonné, car elle s'excède à meubler et à préparer tout ce qu'il faut à Bellevue. » Un méchant chroniqueur parle ainsi du second séjour : « Le Roi est de plus en plus mécontent de Bellevue, où il fait grand froid et de la fumée ; il s'y est mortellement ennuyé à ce dernier voyage ; l'on assure qu'il n'y retournera pas. » Ces détails semblent confirmés par un mot de M. Poisson : « On a déjà fait deux voyages à Bellevue, qui est bien la plus belle chose de la nature, mais pas en ce temps-ci, où l'on a des vents de la première main. » Ces fâcheux souvenirs disparaissent vite. Bellevue devient un des séjours les plus recherchés de la Cour. Les invités du Roi sont régulièrement appelés à ce nouveau petit château; ils se montrent enchantés d'en porter l'uniforme, d'un éclatant velours pourpre à large broderie d'or, dont la marquise a fait fabriquer l'étoffe à Lyon pour la leur donner elle-même, leur laissant seulement la dépense des broderies.

L'hiver qui suit est rempli de voyages à Bellevue, où vont bientôt commencer les spectacles. Madame de Pompadour écrit à son frère, le 3 janvier : « Je vais toujours de temps en temps à Bellevue, où j'ai l'honneur de recevoir le Roi. C'est la plus jolie habitation du monde, et avec la plus grande simplicité. » Et le même jour, à madame de Lutzelbourg : « Vous jugez bien que j'ai été enchantée de recevoir le Roi à Bellevue. Sa Majesté y a fait trois voyages; il doit y aller le 25 de ce mois. C'est un endroit délicieux pour la vue. La maison, quoique pas bien grande, est commode et charmante, sans nulle espèce de magnificence. Nous y jouons quelques comédies. » C'est en effet à la nouvelle maison que se trouve transporté le théâtre des Petits Appartements, et, pendant les trois ans que dure encore cette agréable institution, ce n'est plus chez le Roi qu'elle fonctionne, mais chez la marquise.

Une raison d'économie, ou plutôt de prudence, a motivé ce changement : les dépenses étant moins ostensibles, les médisances en seront sans doute moins aisées. Au reste, madame de Pompadour est peut-être de bonne foi, quand elle pense qu'à Bellevue on résistera aux entraînements coûteux : « Les spectacles de Versailles n'ont pas recommencé, écrit-elle à la même amie. Le Roi veut diminuer sa dépense dans toutes les parties ; quoique celle-là soit peu considérable, le public croyant qu'elle l'est, j'ai voulu en ménager l'opinion et montrer l'exemple. Je souhaite que les autres pensent de même. » Elle parle à son frère du théâtre de Bellevue comme « d'un brimborion de théâtre qui est charmant ». Cependant cette petite salle, décorée à la chinoise, ne sert pas seulement à la comédie ; la scène est préparée pour que l'opéra y paraisse, avec ses transformations et ses apothéoses.

Dès le premier spectacle, un ballet allégorique, *l'Amour architecte*, a montré, dans un changement à vue, une montagne s'entr'ouvrant au bruit du tonnerre, pour laisser surgir de ses flancs le nouveau château, au milieu de danses de jardiniers et de jardinières. Ces surprises de machinistes intéressent toujours le Roi. Encore quelque temps, et les profusions recommenceront, comme jadis à Versailles. La marquise oublie bien vite ses bonnes dispositions, pour se croire en droit d'amuser ses invités de la façon qui lui convient. D'ailleurs, elle ne paraîtra pas longtemps sur les planches. Son dernier succès sera le rôle de Colin dans *le Devin du village*, qu'elle chantera en mars 1753. L'auteur recevra d'elle cinquante louis en témoignage de satisfaction, et un éloquent billet lui prouvera que Jean-Jacques Rousseau, musicien, a accepté ce présent avec fierté et reconnaissance.

La Cour sera conviée, dans cette demeure choisie, à des fêtes charmantes, à des concerts, à des illuminations, à des repas de mariage, jusqu'au moment où la marquise se lassera de Bellevue, comme elle l'a fait de Montretout et de La Celle. Elle vend sa maison de prédilection à Louis XV, en 1757, moyennant une somme de trois cent vingt-cinq mille livres, pour payer ses dettes. Après la mort de la marquise, le Roi donne Bellevue à ses filles, et Mesdames, qui bientôt en raffolent, y viennent avec leur frère, le Dauphin, qui voisine avec elles de Meudon. Elles se mettent à y changer tout, font renouveler les peintures, remplacent Boucher et Van Loo par Lagrenée, Restout et Hubert Robert; et c'est M. de Marigny, resté en fonctions comme directeur des Bâtiments du Roi, qui préside à ces remaniements de la maison de sa sœur.

Elle n'avait pas paru moins attachée à ce château de Crécy, dont elle avait transformé entièrement bâtiment, jardins, parc, et où elle avait « travaillé à force de millions ». Elle y joignit le château d'Aulnay, et multiplia de tous côtés promenades et perspectives. C'est là qu'elle recevait le Roi avec le plus de pompe, dans un grand appartement réservé à ce glorieux usage, et pour des voyages qui duraient jusqu'à quinze jours : « Vous seriez bien surpris, écrivait le père Poisson à son fils, de voir aujourd'hui comme moi les magnificences de ce lieu, l'effet prodigieux et admirable que produisent les canaux, la grande pièce d'eau qui est en face du château dans le bas, les progrès des plants et d'une infinité d'allées qu'on a plantées partout, et surtout celle qui va de la Patte-d'Oie jusqu'au faubourg de Dreux, où l'on a fait un nouveau chemin. Par un bel et bon arrêt, votre sœur s'est fait adjuger la propriété de tous ces arbres. On avait meublé, pour l'arrivée du Roi, Aulnay, qui est totalement découvert aujourd'hui, ce qui fait de la terrasse le plus beau coup d'œil qui se puisse voir. Comme le voyage n'a point eu lieu, on le démeuble actuellement pour le remeubler au mois de septembre. »

La marquise allait pourtant se fatiguer de toutes ces beautés, qui ravissaient d'orgueil l'ancien commis des frères Pâris. Peut-être aussi en trouvait-elle l'entretien trop dispendieux, surtout lorsqu'elle voulut avoir la terre de Ménars, la dernière en date de ses acquisitions. Le merveilleux domaine de Crécy constitué par ses soins et le château, où régnait, dans le cabinet d'assemblée, le plus noble buste de Louis XV par Lemoyne, furent vendus à un prince du sang, le duc de Penthièvre. C'est lui qui continua à entretenir l'hôpital que la marquise avait fondé pour les malades et les pauvres de la contrée, et pour l'établissement duquel elle s'était défait d'une partie de ses diamants.

Ni l'une ni l'autre des deux habitations que bâtit madame de Pompadour, et où son goût se développa librement, ne nous a été conservée. Ni Bellevue, ni Crécy n'ont survécu à la Révolution. Non seulement leurs ouvrages d'art, leur mobilier ont été dispersés ou détruits, leurs boiseries saccagées et perdues, mais rien ou presque rien ne reste des bâtiments mêmes ; et l'on voit s'effacer le souvenir des maisons qui furent les plus exquises de l'époque et comptèrent, pendant bien des années, parmi les séjours préférés du roi Louis XV.

La postérité eût été peut-être moins sévère pour les prodigalités de madame de Pompadour, si la nation possédait encore les merveilles d'art qu'elle inspira. Leur beauté eût plaidé en sa faveur, et ces dépenses, qu'on traite volontiers de dilapidations, nous apparaîtraient moins excessives. Bien loin de se croire coupable, madame de Pompadour se faisait honneur de ce qu'on lui a reproché si durement. Elle avait conservé, de sa première éducation, le besoin d'une comptabilité régulière, et ses biens étaient confiés à son intendant Collin, ancien procureur au Châtelet, dont elle avait apprécié, pendant son procès de séparation, les lumières et la probité. Aidée par lui, elle tenait ses livres comme une bourgeoise opulente, mais rangée, qui veut connaître exactement le détail de la maison dont elle a la charge. On l'eût bien étonnée en lui disant qu'un réquisitoire serait dressé contre elle un jour, sur quelques débris de comptes trouvés dans ses papiers; elle n'y aurait vu, au contraire, que sa justification.

Dépensant pour l'honneur et le plaisir du Roi, ou pour des œuvres qui lui semblaient utiles, modérant souvent ses fantaisies propres, vivant parfois au jour le jour et sans faire d'épargnes, elle se croyait peut-être pour cela désintéressée: « Je suis beaucoup moins riche que je n'étais à Paris, écrivait-elle en 1753. Ce que j'ai m'a été donné sans que je l'aie demandé; les dépenses faites pour mes maisons m'ont beaucoup fâchée; *ç'a été l'amusement du maître, il n'y a rien à dire*. Mais si j'avais désiré des richesses, toutes les dépenses faites m'auraient produit un revenu considérable. Je n'ai jamais rien désiré, et je défie la fortune de me rendre malheureuse; la sensibilité de mon âme peut seule en venir à bout. *J'ai au moins cette consolation de penser que le public fait cette réflexion et me rend justice.* » Le public, à vrai dire, jugeait déjà la marquise tout autrement qu'elle n'affecte de le supposer.

Il est établi du moins que, malgré la somptuosité de ses châteaux, elle ne fut jamais à son aise. Le Roi se montrait peu généreux dans l'ordinaire de la vie; s'il ne regardait pas à ouvrir largement le Trésor par une simple signature, il hésitait à prendre une petite somme sur sa cassette, aussi bien qu'à tirer un louis de sa bourse. Les dons d'argent faits par lui à madame de Pompadour furent assez rares; elle ne reçut d'« étrennes » que les premières années, et comme sa pension, qui fut généralement de quatre mille livres par mois, descendit à trois mille pendant les années de guerre, il lui fallut chercher dans le jeu, dans la vente de ses bijoux ou de ses maisons, et dans certaines opérations financières, le moyen d'équilibrer ses recettes et les dépenses considérables auxquelles l'obligeait son rang. Ce furent plus tard de sérieuses inquiétudes dans sa vie, que laissent entrevoir les dossiers de ses affaires; elle n'aurait su les prévoir, en ces brillants moments de sa jeunesse, qui coïncidaient avec les dernières belles années du règne et pouvaient donner encore satisfaction à tous ses désirs de luxe et de fêtes.

Au milieu des honneurs qui l'accablent et la ravissent, madame de Pompadour n'a pas oublié ses origines. Elle reste, au contraire, en étroite union avec son passé, n'en rejetant rien, ne rougissant d'aucun des liens qui l'y rattachent. Très fière du pouvoir qu'elle doit à ses charmes et à son esprit, très attentive à l'imposer à tous, elle ne joint pas à ces petites vanités une morgue ridicule. Elle ne se fait point illusion sur les titres de son marquisat, et, tout en acceptant exactement les obligations de la caste où elle a été introduite, en essayant aussi de prouver aux malveillants qu'elle est digne de cet honneur, elle conserve, au milieu des flatteries dont chacun la grise, un sentiment d'elle-même assez sûr.

Il y paraît à mainte reprise dans les conseils donnés à son jeune frère et, par exemple, en cette lettre, qui date de 1750 : « Quant aux courtisans, je suis obligée de vous éclairer sur eux ; vous ne les jugez pas tels qu'ils sont. Si votre naissance vous permettait d'aller sur leurs brisées pour les charges où ils aspirent, soyez bien sûr que sourdement ils tâcheraient de vous nuire ; mais ce cas n'étant pas, vous êtes pour eux un objet indifférent. Ne croyez pas encore que les gens en si grande familiarité osent jamais parler devant leur maître d'autres choses que de très indifférentes, à plus forte raison, de rien qui ait rapport à moi. Voilà la vérité exacte. J'ai bien vu et bien réfléchi depuis que je suis ici ; j'y ai du moins gagné la connaissance des humains, et je vous assure qu'ils sont les mêmes à Paris, dans une ville de province, qu'ils sont à la Cour. La différence des objets rend les choses plus ou moins intéressantes, et fait paraître les vices dans un plus grand jour. »

Avec de tels sentiments pour la noblesse de la Cour, madame de Pompadour doit naturellement demeurer attachée au fond de son cœur à la classe dont elle sort et qu'elle représente si brillamment. Personne ne juge mieux qu'elle l'importance de plus en plus grande que prend alors la richesse, aux dépens de la naissance, dans la société française. La bourgeoisie, qui la possède, s'est élevée peu à peu, par son intelligence et son labeur, à la première place de la nation. Dévouée au service du Roi, elle lui fournit à elle seule tout un personnel dont l'autorité s'accroît avec les besoins du moment. Elle tient toutes les charges de magistrature et d'administration; en même temps, lui sont dévolues toutes les puissances que l'argent confère. Il existe, en effet, en France, un monde très divers de financiers, intéressés dans les fermes et les sous-fermes, gens de comptoirs et d'entreprises, entre les mains de qui passe la fortune publique, et qui soutiennent le crédit du royaume. Ce sont eux désormais qui possèdent les plus beaux domaines, font bâtir les superbes châteaux, accaparent les grandes terres qui tombent en vente et les titres seigneuriaux qu'il est permis d'acquérir.

Les mariages ont vite fait de mêler à l'ancienne cette aristocratie nouvelle. S'il est encore assez rare que les filles de qualité épousent de simples enrichis, on voit continuellement les héritiers nobles, même des plus haut titrés, redorer leur blason dans la roture bien pourvue de rentes. Madame de Pompadour aime extrêmement à s'occuper de ces unions et y intéresse le Roi. Elle obtient même assez souvent, pour les faciliter, des dons pécuniaires sur la cassette, lorsqu'on a su flatter son amour-propre en s'adressant à elle. Elle aide à atténuer, tant par désir instinctif d'obliger que par goût raisonné pour les mélanges de castes, ce que les vieilles traditions nobiliaires ont de trop rigoureux. Ainsi, sans froisser la noblesse, elle se fait la représentante et la protectrice du Tiers-État.

La jeune bourgeoise, en faveur de qui Louis XV a relevé un marquisat éteint, sert de trait d'union entre deux mondes bien différents ; mais ce sont les détails de sa vie ordinaire qui prouvent le mieux une fidélité à des origines, qu'un moins sage esprit eût sans doute reniées. On connaîtrait mal madame de Pompadour, si l'on oubliait qu'elle a respecté et cultivé en elle, immédiatement après sa passion pour le Roi, le sentiment de la famille.

Le mari, à vrai dire, ne compte plus. Depuis que madame de Pompadour a été séparée de biens par l'arrêt du Châtelet de Paris et qu'elle a pris seule la garde de sa fille, M. d'Étioles s'est trouvé effacé de sa vie comme il l'eût été par un divorce. Elle sait qu'il n'est point à plaindre, consolé sans doute à la longue d'un chagrin qui fut véritable. Il jouit de revenus considérables, qui lui permettent de mener la grande vie des financiers du temps, à l'hôtel de Conti, rue Neuve-Saint-Augustin, où il demeure. Il est, depuis plusieurs années, en possession de la ferme générale dont la sollicitation a préparé ses disgrâces conjugales ; il a eu celle de M. de Tournehem, au moment où celui-ci a été appelé à la direction des Bâtiments. Il va encore obtenir une place de fermier des Postes d'un grand rapport. Barbier trouve extraordinaire qu'on lui donne à remplir des fonctions « qui ne servent qu'à le mettre plus au jour ». La vérité est que M. d'Étioles, qui ne s'appelle plus, à l'*Almanach royal*, que M. Le Normant, est resté en relations étroites avec l'oncle Tournehem, qu'il est question de ses tournées en province dans les lettres du père Poisson, et que la marquise, l'ayant supprimé de son existence, se croit en règle avec lui grâce aux avantages dont il est comblé. Il est peu douteux cependant qu'il n'ait continué longtemps à regretter l'épouse infidèle ; et il était si bien fait pour le ménage et la constance, qu'on le verra plus tard, aussitôt devenu veuf, reprendre, par un honnête mariage, sa vie de famille vingt ans interrompue.

Si M. d'Étioles n'est plus rien pour madame de Pompadour, et pas même une gêne dans ses souvenirs, tout ce qui a entouré sa jeunesse, et particulièrement ce qui touche aux siens, lui demeure cher et profite de son élévation. Les courtisans, à quelques époques de sa vie, lui reprochent de la hauteur; les gens de sa parenté la trouvent toujours simple et serviable. Il n'est si petit cousin qui n'obtienne d'elle l'appui nécessaire pour être placé, pour faire vivre et pour établir ses enfants. On trouve trace de sa libéralité dans le texte de son testament, comme dans la liste des pensions qu'elle sert et dont un grand nombre témoignent d'une âme charitable. Elle disposerait assez aisément pour ses protégés de toutes les faveurs de l'Etat; mais ce n'est point de façon prodigue ni arbitraire qu'elle agit, et une certaine pensée de justice et de prudence, non moins que le souci de l'opinion publique, l'empêche d'abuser de son crédit. Dès que les solliciteurs se montrent indiscrets, elle les arrête, fussent-ils ceux qui lui tiennent de plus près.

Un esprit équitable et ferme se révèle en ses lettres à son père. Le bonhomme est disposé à l'importuner pour lui-même ou pour ses amis. Elle le lui fait sentir, à propos d'un cousin Poisson de Malvoisin, qu'elle a déjà fort avancé dans les carabiniers : « Je suis très fâchée, mon cher père, que vous désiriez Vincennes pour M. de Malvoisin. Comment peut-il vous venir dans l'esprit de vouloir placer un homme de vingt-cinq ans (quelque sage qu'il soit), qui n'a servi que six ans ? En vérité, il devrait être content de son état. Il est tant de gens qui n'obtiennent le même qu'après vingt ans de service, et lui en avait trois. Ce qu'il y a de sûr, c'est que je ne puis demander une chose aussi injuste. »

Un autre jour, elle répond, au sujet du fermier général Bouret, qui a rendu des services à son père et dont celui-ci est entiché : « Permettez-moi de vous dire que M. Bouret a grand tort, s'il ne trouve pas sa famille assez récompensée des services qu'il a rendus. Il me semble qu'il l'est au moins autant qu'il doit être, et que je me trouverais fort heureuse, si mes parents étaient aussi bien placés... Vous êtes trompé, si l'on vous dit que le ministre n'attend qu'une parole de moi pour accorder les dix-huit deniers que vous demandez pour M. Bouret. Il me paraît très décidé à ne les lui pas donner, et vous savez mieux qu'un autre, puisque vous connaissez mon caractère, que je ne fais jamais violence aux gens que j'aime. »

Elle ne met pas moins de fermeté à se défendre contre les démarches en faveur de son frère. Le père rêve de faire ériger en « Surintendance des Bâtiments » la Direction générale, dont la survivance est assurée à M. de Vandières ; ses lettres sont pleines de cette chimère, dont il cherche à troubler l'ambition beaucoup plus paisible du jeune homme. La marquise est obligée de le rappeler à la raison : « Pour être heureux, répond-elle, il ne faut jamais désirer des choses impossibles : je suis sûre qu'il n'y aura jamais de surintendant, ni de Finances, ni de Bâtiments ; ainsi, n'y songeons pas. Cela ne m'empêche pas d'être très certaine de faire un très bon mariage pour mon frère. » C'est du même ton qu'elle dit plus tard, parlant des gens insatiables avec lesquels le public la confond : « Je serais bien fâchée d'avoir cet infâme caractère, et que mon frère l'eût. »

La marquise avait fait beaucoup pour ce frère, en lui obtenant la charge des Bâtiments. De cette faveur considérable et qui semblait criante, elle entendait que le jeune homme se montrât digne et désirait le mettre en état de bien servir le Roi, quand l'heure en serait venue. Elle jugea bon de l'éloigner pendant quelque temps de la Cour, où il ne pouvait être qu'une gêne ; et voulant, d'un même coup, le préparer aux fonctions qui devaient bientôt lui revenir, elle eut l'idée de ce long voyage d'Italie, où M. de Vandières allait former son goût et acquérir des connaissances utiles pour développer les arts dans le royaume.

Elle-même choisit, pour l'accompagner, deux hommes de talent et de bon conseil, Cochin le fils, son dessinateur préféré, et l'architecte Soufflot, ancien pensionnaire du Roi à Rome; elle y joignit l'abbé Le Blanc, à qui Cochin accordait malicieusement « plus de connaissances dans les arts que n'en ont communément les gens de lettres ». C'étaient d'aimables compagnons, fort propres à éveiller l'esprit d'un jeune homme d'ailleurs bien doué, capables aussi de le guider savamment dans le pays classique des arts, de lui faire apprécier les galeries et les antiquités. Ce voyage, accompli à loisir par des gens qui voyaient avec réflexion, devait servir, par la suite, les transformations du goût français;

mais son premier résultat fut de fournir au jeune directeur les titres et la compétence qui lui manquaient.

Il n'avait pas vingt-quatre ans, quand sa sœur le décida à réaliser cette entreprise qui pouvait assurer sa fortune : « De ce voyage, lui écrivait son père, dépendent toute votre réputation et votre bien-être. » La marquise lui avait fixé des règles de conduite, et rappelait ces instructions importantes dès sa première lettre, reçue à Lyon le 28 décembre 1749 : « Vous avez bien fait, frérot, de ne pas me dire adieu ; car, malgré l'utilité de ce voyage pour vous et le désir que j'en avais depuis longtemps pour votre bien, j'aurais eu de la peine à vous quitter... Ce que je vous recommande par-dessus tout, c'est la plus grande politesse, une discrétion égale, et de vous bien mettre dans la tête, qu'étant fait pour le monde et pour la société, il faut être aimable avec tout le monde, car, si l'on se bornait aux gens que l'on estime, on serait détesté de presque tout le genre humain. Ne perdez pas de vue les conversations que nous avons eues ensemble ; et ne croyez pas que, parce que je suis jeune, je ne puisse donner de bons avis. J'ai tant vu de choses, depuis quatre ans et demi que je suis ici, que j'en sais plus qu'une femme de quarante ans. »

Les lettres du père venaient appuyer les avis de cette précoce expérience féminine. M. Poisson avait pu voir la marquise, revenant de Choisy, quelques jours après la séparation, et il écrivait à son fils : « Nous parlâmes beaucoup de vous, et je fus enchanté de sa tendresse pour le frérot et de tout ce qu'elle vous avait dit avant votre départ. Elle est jeune, mais elle pense solidement, et je ne suis pas en peine sur l'usage que vous ferez de sa conversation... » Dans une autre lettre du père, avec les recommandations de voyage, que multiplie un homme qui a visité beaucoup de pays, les mêmes conseils reparaissent et se précisent : « Vous avez fait l'admiration de Lyon par vos manières polies. Je vous exhorte à les redoubler, s'il est possible ; c'est la vraie façon de s'attirer tous les cœurs, et c'est là justement ce que tout honnête homme doit ambitionner. Ceci est à votre pouvoir ; vous avez en vous tout pour y parvenir, en corrigeant un peu votre dur. Souvenez-vous seulement de ce que votre sœur vous a dit sur cela, et je ne serai plus inquiet. »

M. de Vandières et sa compagnie, partis

de Paris en décembre 1749, n'y devaient revenir qu'en juillet 1751. Le frère de la marquise voyageait en grand seigneur, aux frais du Roi, ayant ordre de tenir partout table ouverte, accueilli par les ministres de Louis XV auprès des cours italiennes, reçu en audience privée par les princes souverains. Il goûtait les plaisirs de chaque ville, mais se liait aussi avec les hommes distingués et savants, profitait de leurs conversations, envoyait à sa sœur des observations intéressantes et le dessin des choses curieuses qu'il remarquait. Comme les lettres, en dehors des courriers royaux, couraient le risque d'être ouvertes, la marquise insistait sur ce point : « C'est de vous bien garder de rien mander qui pût déplaire aux cours où vous serez, attendu qu'il est très vraisemblable que l'on y sera curieux de savoir la façon de penser et ce que mande à sa sœur et aux autres le frère de madame de Pompadour. »

La discrétion avertie du jeune homme ne laissait place à aucune faute de ce genre ; il n'y avait qu'une voix en Italie sur sa bonne grâce, sa modestie et son esprit. Le marquis de la Chétardie, à Turin, le duc de Nivernois, à Rome, le marquis de l'Hôpital, à Naples, mandaient à la marquise, à tour de rôle, des éloges qu'elle mettait sous les yeux du Roi. « M. de Nivernois est très content de vous, écrivait-elle, des politesses que vous lui avez faites, des bonnes dispositions où vous êtes, de votre envie de plaire, etc. Continuez, vous ne sauriez mieux faire, et prenez ses avis ; il a beaucoup d'esprit et vous conseillera bien, par l'amitié qu'il a pour moi. » Ce n'étaient point seulement conseils ou nouvelles de cour, que la marquise adressait à « son cher bonhomme » ; les courriers lui portaient souvent quelque présent d'elle, et on ne le laissait manquer ni d'habits brodés, ni de dentelles, pour se faire honneur auprès des belles et des princes.

Tout ce que pouvaient écrire de favorable les nombreux Français établis en Italie servait les intérêts de la famille. Le père Poisson s'y était découvert des amis partout : M. de la Chétardie était pour lui « une vieille connaissance d'Allemagne », l'ambassadeur du Roi à Venise se trouvait « son ancien ami, M. de Chavigny », et, à Rome, Vandières devait faire ses compliments « à son cher ami, M. de Troy », directeur de l'Académie. Emerveillé des succès de son fils, il se chargeait de les publier dans Paris, plus bruyamment que ne faisait la sœur à Versailles. « Il revient beaucoup de bien de toi, écrivait-il, tant à la Ville qu'à la Cour ; juge combien cela m'afflige. » Une autre fois, il le félicitait de son séjour à Naples : « Nous dînâmes chez M. de Tournehem avec M. du Verney ; nous étions une vingtaine à table. Je leur fis part à tous de votre lettre sur la belle chasse que Sa Majesté Sicilienne vous a donnée sur les lacs... Tout le monde chante vos louanges en ce pays-ci, même ceux qui ne nous aiment pas. » Ainsi l'orgueil du père se gonflait des mérites éclatants et divers d'une double progéniture.

Ce fut pendant l'absence de son héritier que M. Poisson modifia son genre d'existence et entra définitivement dans les grandeurs. Il n'était encore, au moment du départ, qu'un père de favorite, à la situation mal définie, un condamné réhabilité par ordre, et que son récent anoblissement n'avait fait ni plus riche, ni plus considéré. M. de Vandières devait retrouver son père grand seigneur, brillamment établi dans ses terres, et devenu l'égal, par les titres et le train de vie, des hommes dont on l'avait vu si longtemps le serviteur.

Cette métamorphose est une de celles qui font le mieux apercevoir la mécanique de l'ancienne société française et l'activité personnelle de madame de Pompadour.

Nul ne sut jamais comment le roi de France, au commencement de l'année 1750, se trouva avoir contracté une dette de deux cent mille livres, envers François Poisson, au moment même où celui-ci voulait acheter une terre dont le prix représentait précisément la même somme. Le jugement définitif de réhabilitation, rendu le 22 avril 1747, reconnaissait que l'ancien munitionnaire avait fait jadis certaines avances sur les fournitures de blés, dont il n'avait point été remboursé. Les commissaires enquêteurs, à vrai dire, n'ayant pu remettre la main sur la procédure de condamnation, qui remontait à vingt ans et avait fâcheusement disparu, avaient dû demander au « suppliant » de fournir lui-même de nouvelles pièces. Celui-ci consentit par pure complaisance, prit la peine de rétablir toutes ses écritures, et il apparut aussitôt que le Trésor, bien loin de l'avoir pour débiteur, lui était redevable de vingt-trois mille sept cent quarante-trois livres trois sols, huit deniers.

Fort bien conseillé par ses amis, Poisson se

garda d'en rien réclamer sur l'heure, et se contenta d'abord de l'indemnité de cent mille livres, que le Roi lui donna pour le dédommager de ses longs ennuis. Trois ans plus tard, la dette royale était portée au décuple, comme par enchantement, la marquise s'étant mêlée de revoir les comptes; et l'on s'explique aisément cet arrangement honnête. Depuis qu'il a reçu des armoiries, M. Poisson a pris la délicatesse des gens de qualité; son amour-propre souffrirait d'obtenir un don gratuit, dans les circonstances où il se trouve, tandis qu'il l'accepte avec aisance sous la forme d'une restitution.

Madame de Pompadour, qui a mené toute cette affaire avec M. de Machault, vient de découvrir pour son père le grand domaine qui doit soutenir sa noblesse de fraîche date. C'est la terre de Marigny, dans la Brie, possédée en ce moment par la communauté parisienne de Saint-Côme, qui en a hérité du chirurgien La Peyronie et qui se décidera volontiers à la mettre en vente. Le Roi l'achètera pour M. Poisson et celui-ci donnera honorablement sa quittance des deux cent mille livres. Les diverses parties étant d'accord, la terre de Marigny est adjugée aux galeries des

Tuileries, le 29 janvier 1750, pour deux cent vingt mille livres, délivrées à Poisson par ordonnance du Roi; et le contrat, dressé en forme exceptionnelle, par des commissaires spéciaux, est revêtu des signatures du Roi, du chancelier, du contrôleur général et des six intendants des finances.

Une seconde ordonnance au porteur, de quarante-huit mille livres, rendue fort à propos, a permis à M. Poisson de rembourser les droits seigneuriaux dus au duc de Gesvres, de qui relève le fief de Marigny. M. de Gesvres l'a aussitôt « ensaisiné et inféodé », et a même donné un grand gala pour la prestation de foi et hommage de ce nouveau vassal. En règle avec les usages féodaux, celui-ci ne néglige aucune des formalités qui doivent assurer à lui-même et à sa descendance les privilèges attachés à son acquisition. Sa correspondance révèle naïvement, non seulement son état d'esprit, mais celui de toute la caste à laquelle il appartient et dont la faveur de sa fille marque le triomphe :

« Enfin mes lettres-patentes au sujet de Marigny, qui m'ont donné tant de mouvement, sont enregistrées au Parlement, et je viens d'envoyer tout à l'heure M. Périer pour les faire entériner à la Chambre des Comptes et Cour des Aides. Je croyais que c'était une sottise; mais le sceau et les enregistrements m'ont plus coûté que mes lettres de noblesse. N'importe, ceci nous met dans toute la plus grande sûreté, et je défie le Roi, toutes les puissances du monde réunies, de pouvoir nous dégoter ci-après de Marigny! » Un autre jour, c'est son chartrier qu'il va faire classer : « J'attends un scribe pour ranger et mettre en ordre tous mes titres de Marigny, qui sont immenses. Comme je ne veux pas qu'il y manque la moindre petite pièce et qu'il puisse s'y trouver apparence d'équivoque, j'ai obtenu à la Chancellerie, après bien des mouvements, lettres-patentes registrées en Parlement, Cour des Aides et Chambre des Comptes. Quoiqu'on m'ait fait gratis partout, il ne laisse pas que de m'en coûter une centaine de pistoles, parce que le sceau est cher, et mille autres petits brimborions. Malgré tout cela, je donnerais plutôt mille pistoles que de n'avoir pas obtenu ces lettres. »

Le ton, le style, la pensée, tout ici est vulgaire. et en désaccord singulier avec les sentiments de madame de Pompadour. François Poisson n'a point le désintéressement de sa fille et ignore les élégantes façons avec lesquelles elle a laissé venir sa fortune ; l'homme d'argent, le commis des Pâris perce dans toutes ses effusions paternelles ; mais il a tant de bonhomie et si peu de morgue qu'on est porté à l'en excuser. Plus indulgente que personne, la marquise suit, d'un regard attendri et amusé, l'épanouissement du rêve du vieux traitant.

Le fils du tisserand bourguignon arrive aujourd'hui au comble de ses désirs ; il est seigneur féodal et grand propriétaire terrien. Comme il a payé la taille de ses paysans, il est triomphalement reçu à Marigny, et aucun des honneurs d'usage ne lui est marchandé. Il est complimenté par le curé et les paroissiens, mené à son banc à l'église avec un *Te Deum*. Un récit trouvé dans ses papiers raconte complaisamment que « les filles et garçons, habillés en bergers et bergères, précédés de la maréchaussée à cheval, conduisaient *M. de Marigny* en chantant ; les habitants, rangés en haie sous les armes, faisaient des charges réitérées. Arrivés au château, ils présentèrent au seigneur le vin de ville dans des corbeilles ornées de fleurs, garnies de massepains. A leur tête était M. le bailli, qui le complimenta, ensuite le capitaine de bourgeoisie. Le soir, le feu d'artifice fut tiré dans le parc, et tous les habitants mirent des lampions sur leurs fenêtres ». La journée se passa en festins, la nuit en danses, et le nouveau seigneur, narrant cette réception, écrit à ses enfants : « Grâce à Dieu, mon entrée, que je redoutais tant, a été faite; je serais à présent fâché qu'elle n'eût pas eu lieu; il m'en coûte beaucoup, mais c'est une fois payé. »

La seigneurie achetée, il faut un titre : « Sous quel nom voulez-vous, écrit madame de Pompadour, que votre terre soit érigée en marquisat? » Le nom sera celui de la terre elle-même; mais le marquisat fait reculer le père Poisson; il ne l'accepte que pour son fils, et le lui fait savoir en une phrase pleine de bon sens : « M. de Gesvres veut que vous preniez le nom de Marigny; car, pour moi, je m'appelle François Poisson. »

C'est pour ce fils bien-aimé qu'il bâtit, plante et arrondit le domaine. Tout d'abord un mur enclôt le parc; puis les tours féodales sont jetées bas, et les matériaux servent à reconstruire un nouveau château. Le maître établit un chenil, réunit une meute, peuple sa terre de perdreaux, car il est maintenant « grand chasseur »; il le dit, le répète, tient à ce qu'on le sache, ces droits et les goûts qu'ils développent appartenant à sa nouvelle situation. Il veut faire de « son cher Marigny » un beau pays de chasse. Son fils ne peut manquer d'y attacher du prix, lui qui a l'honneur de chasser avec le Roi. Il lui raconte par le menu, dans ses lettres, tout ce qu'il entreprend et jusqu'aux attentions de son ami, M. l'intendant Trudaine, qui dispense « ses vassaux » d'aller à la corvée hors de ses terres et les laisse travailler uniquement aux chemins de leur seigneur.

Madame de Pompadour s'intéresse tendrement à cette installation qui fait la dernière joie de son père. A-t-il besoin d'avis compétents? Elle lui expédie les architectes ou les entrepreneurs des Bâtiments du Roi. Hésite-t-il à reconstruire? Elle lui fait attribuer une part dans la ferme des Postes, qui augmente son revenu d'une vingtaine de mille livres. Le détail même l'occupe, car elle veut marquer de son goût l'habitation seigneuriale de sa famille : « Votre sœur, écrit M. Poisson, vient de m'envoyer, sur le dos d'un crocheteur, la plus jolie table du monde pour écrire. Elle veut aussi m'envoyer, malgré moi, son tapissier pour prendre les mesures de mes appartements, qu'elle veut meubler. Il faudra bien souffrir ce que l'on ne peut empêcher ! » Les attentions de la fille pour le père sont continuelles et s'appliquent aux petites circonstances aussi bien qu'aux grandes : « M. de la Reynière, écrit encore Poisson à Vandières, vient de me faire tenir par ses courriers une caisse dans laquelle il y avait un habit vert complet, bordé et boutonnières d'or, qui est la plus belle chose du monde, que votre sœur m'a envoyé. Cette chère sœur ne sait que donner et obliger tout le monde. » Ce n'est qu'un même cri tout le long de cette correspondance paternelle : « Ta chère sœur est adorable; il ne faut que laisser agir son cœur. »

M. Poisson a fait élever à Marigny une chapelle avec un dôme ; il y déposera le chapelet béni par le Saint-Père, que M. de Vandières lui rapporte de Rome, et cela fera plaisir à son curé, « qui est fol de lui ». Il orne de cuvettes de marbre, que lui ont données les Bâtiments du Roi, la pièce principale du logis, la salle à manger, où il reçoit déjà des tablées d'amis, aimant comme lui le ratafia et l'excellent bourgogne qui garnit ses caves. On n'y voit pas seulement les hobereaux du pays avec leurs épouses, ou les bandes joyeuses de cousins et petits-cousins, invités à passer quelques jours au château du riche parent. Des hommes plus considérables s'y rencontrent : M. de Tournehem, qui fait agrandir également « son cher Étioles », vient volontiers comparer ses bâtisses à celles de l'ami Poisson ; et Pâris-Duverney, dont la terre est dans les environs, ne dédaigne pas de lui donner une journée par an. Ces gens importants savent qu'ils font plaisir à la marquise en fréquentant son père ; et l'on se figure aisément ces beaux vieillards, aux perruques soignées, aux gilets brodés de fleurs, assis à Marigny sous un bosquet à la française et buvant le café dans de fines tasses de Vincennes, tout en causant de l'adorable jeune femme qui les tient unis et leur inspire à tous le même culte.

M. Poisson est lui-même devenu, à Versailles, une manière de personnage, que tout l'entourage de sa fille connaît et supporte. On flatte une de ses manies en lui donnant des nouvelles de ce qui se passe à la Cour, et M. de Tournehem n'y manque point, quand il l'informe, suivant son usage, de la santé de la marquise : « Madame votre fille, écrit-il de Compiègne, le 27 juin 1751, arriva ici avant-hier matin sur les huit heures et demie... Elle se mit dans son lit, où elle resta jusqu'au moment de se mettre dans son bain. Le Roi arriva, je ne pus la voir ; mais je sus qu'elle était bien remise de sa fatigue. Hier, je la vis un petit moment, lorsqu'elle partit pour aller à la maison de bois ; elle se portait à merveille... Le Roi est ici fort gai et paraît très content. La Cour n'est pas encore fort nombreuse, quoiqu'elle ait été augmentée par l'arrivée de la Reine, qui arriva sur les huit heures hier. Les ministres arriveront successivement : M. de Puisieux l'était hier ; le Garde des sceaux a dû arriver le soir. Je vous quitte pour aller au lever ; si j'apprends quelque chose, je ne fermerai pas ma lettre sans vous en faire part... Madame votre fille se porte mieux que je ne l'ai vue se porter. »

De son château de la Brie, le bonhomme si bien renseigné se complaît à transmettre à ses amis ce qu'on lui raconte. Il écrit, par exemple, à l'abbé Le Blanc, d'un ton dégagé de grand seigneur : « J'irai, mon cher abbé, faire le carnaval à la Cour, où tout le monde jouit d'une parfaite santé; j'entends ce monde que vous et moi connaissons et qui nous intéresse... Le Roi a fait imprimer à ses dépens les œuvres de notre ami Crébillon. Elles sont en deux tomes. Vous jugez bien qu'il nous en a fait part à tous et qu'elles sont bien reliées; le bon vieux père Sophocle a sujet d'être content. Vous savez, sans doute, que l'abbé de Bernis est comte de Saint-Jean de Lyon, et que l'abbé de Fleury, frère de l'évêque de Chartres, a été fait archevêque de Tours; le duc de Chaulnes, qui a tenu les États de Bretagne, cordon bleu, ainsi que le marquis d'Hautefort, ambassadeur de Vienne. Il n'y a qu'un homme que je pleure et regrette, qui nous manque, c'est le maréchal de Saxe, qu'on conduit actuellement à Strasbourg pour y être inhumé; dans toutes les villes où il y a du canon, on en tire cinquante coups, qui malheureusement ne le réveillent point. »

Ces dernières lignes sont d'un bon Français qui sait le prix de la gloire; la marquise elle-même ne pleure pas en meilleurs termes le vainqueur de Fontenoy; mais le père Poisson paraît trop se figurer que le défunt pouvait être l'ami de toute la famille.

Il n'était pas sans intérêt de mettre en lumière un portrait véridique du père de madame de Pompadour. Il est trop mêlé à sa vie, occupe trop souvent sa pensée, pour qu'on le puisse oublier. Tel qu'on le connaît par ses amis et par lui-même, il apparaît un fort bon homme, sans distinction de manières, mais sans hypocrisie, pas plus moral qu'on ne l'est autour de lui, dépourvu d'éducation première, non de finesse ni de belle humeur. Gros buveur et bon vivant, il est mieux à sa place à une table joviale de sous-fermiers, qu'il ne le serait au souper royal des Petits Appartements, où d'ailleurs il n'a jamais paru. Ce n'est pas un rustaud foncièrement grossier; c'est plutôt un glorieux, ébloui des singuliers honneurs échus à sa fille. S'il a le verbe haut et le mot salé, suivant les usages d'alors, on lui prête à tort des insolences de laquais ivre, qui n'ont aucune vraisemblance. Pas une fois il n'a eu à forcer une porte qui lui demeure toujours ouverte; jamais il ne se prive d'entrer chez madame de Pompadour, et sa vanité paternelle peut l'admirer, toutes les fois qu'il lui plaît, au théâtre des Cabinets, où l'accès est pourtant si difficile. Il est ordinairement des voyages de Compiègne et de Fontainebleau; on le trouve même à Crécy, invité par la marquise en même temps que le Roi. Il est inséparable de M. de Tournehem; son monde est celui de la finance et de l'administration; il y est estimé, parce qu'il sait les affaires et qu'il a bien servi les intérêts publics. Dans les autres cercles, qui l'ignorent, on le jalouse, on le chansonne, on le calomnie; les mêmes gens qui le salueraient fort bas, s'il tenait son rôle de père sous un grand nom, font les dégoûtés à son approche. Mais François Poisson n'en a cure, et jouit de sa destinée avec une sérénité d'âme incomparable.

La fille que madame de Pompadour a eue de son mariage, Alexandrine d'Étioles, est aussi une des grandes affections de sa vie. Elle est tendre mère autant qu'enfant dévouée et attentive, et cette tendresse prend même des formes passionnées et jalouses qui peuvent surprendre. Alexandrine est « belle comme un ange » et d'une rare précocité d'esprit. A cinq ans et demi, la mère la retire des mains d'une femme qui a fait sa première éducation et la prend avec elle à Versailles. Elle la loge plusieurs mois dans ses petits entresols et la montre volontiers au Roi et à ses amis. On devine déjà qu'elle la veut former, comme elle le fut elle-même, pour briller et enchanter ; elle trouve le moyen de la faire paraître sur son théâtre : « La petite Alexandrine, écrit M. Poisson, habillée en Sœur grise, a fait un rôle sur le théâtre des Petits Appartements. Elle était à manger, et elle demeure avec sa maman depuis dix jours. » A ce moment, madame de Pompadour emmène l'enfant dans tous les voyages. Quand elle ne peut s'occuper d'elle, c'est le grand-père qui en prend la charge, et ses lettres révèlent quelques détails sur l'existence de cette enfant, élevée comme une fille de grande maison et sûrement appelée à en jouer le rôle par un mariage.

Alexandrine d'Étioles n'avait pas tout à fait six ans, quand elle fut mise à l'Assomption, le meilleur couvent de Paris pour les filles de noblesse et les riches héritières ; et chacun y sut apprécier le lustre nouveau qu'elle apportait à cette maison. M. Poisson raconte au jeune oncle Vandières ce grand événement de famille. Il écrit du château de Crécy, le 11 juin 1750 : « M. de Tournehem me rend compte de l'arrivée et de l'entrée de ma chère Alexandrine au couvent de l'Assomption. Je croyais qu'elle se désespérerait lorsqu'il faudrait y aller, et c'était la Toussaint qui lui avait inspiré ces beaux sentiments. Mais, comme depuis trois ou quatre mois sa mère l'avait retirée auprès d'elle, et qu'elle l'avait logée dans ses petits entresols, tout en haut, et que c'était madame du Hausset qui en avait soin, on lui avait inspiré, à la chère petite enfant, combien elle aurait de plaisir d'être au couvent avec d'autres demoiselles de son âge, et surtout avec la petite princesse de Soubise. Elle ne respirait plus que le moment d'y aller, tant il est vrai qu'on persuade tout aux enfants, quand on s'y prend de la bonne façon. Celle-ci me disait, avant d'y aller : « Mon papa, je vais » apprendre à écrire bien vite, afin que vous » receviez tous les jours de mes lettres » ; et, en effet, j'espère qu'avant deux mois elle m'écrira elle-même, surtout si on lui donne mademoiselle de Saint-Lubin, qui a montré à la petite Parseval, que j'ai indiquée. Mais, comme tout est cabale dans les couvents, les béguines voudraient en donner une autre à ma fille, à qui tout le monde voudrait montrer à apprendre à lire et écrire... »

Les lettres du grand-père sont pleines de ses deux filles, « ses deux Alexandrines », comme il les appelle, et la petite « fanfan » paraît tellement l'emporter sur la grande, que madame de Pompadour l'en taquine tendrement : « Je vois bien que la petite Alexandrine a chassé *Reinette* de votre cœur ; cela n'est pas juste, et il faut que je l'aime bien fort pour lui pardonner. » Au reste, cette petite fille adorée aura ses autels chez le grand-père, qui l'annonce ainsi à M. de Vandières : « M. Portail me fait faire un cadre magnifique pour votre portrait, que je porterai à Marigny ; il sera placé à la droite, Alexandrine au centre et la mère à gauche. »

M. de Vandières n'ignore rien de ce qui regarde son aimable nièce : « Je suis arrivé hier au soir dimanche de Crécy ici, mon cher fils ; j'ai été *recta* descendre à l'Assomption. Devine pourquoi : c'est que ma chère Alexandrine l'habite depuis dix jours ; tu juges bien que ce matin j'ai été déjeuner avec elle. » Quelques jours après, arrivent les impressions de l'enfant : « Voici une lettre de ma chère Alexandrine, qui réellement est une enfant unique et qui vous dit, d'un grand sang-froid, qu'elle a beau aimer *belle-maman*, qu'elle est encore plus aise au couvent qu'avec elle, par l'envie qu'elle a d'apprendre pour se rendre digne après des bontés de *belle-maman*, qu'elle ne quittera plus quand une fois elle aura appris tout ce qu'elle doit savoir et bien fait ses exercices... Adieu, mon cher Vandières, je t'embrasse comme Alexandrine. »

Quand le Roi se rend à la Muette, son château le plus rapproché de Paris, la mère fait sortir Alexandrine et la garde avec elle, ainsi que l'apprend un mot de M. Poisson : « Je fus hier dimanche à Versailles ; j'en revins le soir. J'y ai laissé votre sœur en bonne santé. Je descendis en revenant, comme bien vous pensez, à l'Assomption, pour y voir mon petit bijou ; mais je me gardai bien de lui dire que je partais demain. C'est une enfant incompréhensible : elle lit et écrit mieux que moi ; sa mère a été bien étonnée de lui voir lire, il y a deux jours, à la Muette, votre lettre de chasse. »

Madame de Pompadour ne peut se passer longtemps de cette petite merveille et, à toute occasion, un carrosse vient la prendre au couvent : « La Cour, écrit M. Poisson en juin 1751, va aujourd'hui lundi à Choisy, jeudi à la Muette et vendredi à Compiègne. Je viens d'annoncer à mon cher petit fanfan que, ce soir, à six heures, un des carrosses de M. de Tournehem la mènera à Choisy, où elle restera jusqu'à mercredi ; c'est une grande joie pour elle. » Une autre fois, la marquise la conduit à l'Opéra, dans la loge du duc de Chartres et tous les regards des spectateurs sont pour la mère et la fille. Il aurait fallu un bien précoce bon sens, pour que la jeune pensionnaire de l'Assomption ne fût pas enivrée par cette vie exceptionnelle, qui la mettait au-dessus de ses compagnes ; on devine les adulations du couvent, les jalousies étouffées par les ambitions naissantes, les intrigues ébauchées autour de celle qu'on n'appelait jamais que par son nom de baptême, comme il était d'usage pour les princesses.

La véritable grande dame, que, malgré tout, elle ne pouvait être tout à fait, parce que la naissance et le mariage lui manquaient, madame de Pompadour voulait que sa fille la fût. Ce rêve maternel, qui eût achevé sa propre destinée, n'est pas fait pour surprendre, et rien ne paraissait plus aisé que de le réaliser pleinement. Alexandrine d'Étioles était en droit de prétendre aux plus hauts partis. La mère n'avait guère que l'embarras de choisir, parmi tant de grandes familles qui l'avaient acceptée dans leur intimité et à qui elle avait rendu maint service de place ou d'argent. Dès qu'elle eut obtenu les honneurs de duchesse, toutes les espérances lui furent permises. Il semble qu'elle ait souhaité d'abord une seule alliance, moins avantageuse au point de vue de la fortune que fascinante par le charme étrange qui l'y attirait. Elle songeait au « petit Vintimille », qu'on nommait aussi le comte du Luc et qui avait trois ans de plus qu'Alexandrine. C'était ce fils dont la naissance avait coûté la vie à madame de Vintimille et qui resssemblait singulièrement à Louis XV par la figure, les gestes et les manières. « N'est-ce pas, disait la marquise à ses amis, que ces deux enfants sont faits l'un pour l'autre? » Elle mêlait à ce projet, qui n'allait pas sans l'espoir d'une grande charge et d'un brevet de duc, un sentiment passionné que le Roi ne se souciait guère de partager.

Il sut l'en décourager un jour que, par un hasard préparé, les deux enfants lui furent montrés ensemble dans la figuerie de Bellevue. Ils y mangeaient des figues et une brioche apportée par le suisse. Madame de Pompadour tout d'abord s'écria : « Ce serait un beau couple ! » Le Roi, n'ayant rien répondu, s'amusait avec Alexandrine sans faire attention au garçon. La marquise dit, après un moment, en remarquant chez le jeune Vintimille des attitudes toutes semblables à celles du Roi : « Ah ! Sire, voyez, on croit voir son père ! — Je ne savais pas, répondit le Roi que vous connaissiez le comte du Luc si particulièrement. — Vous devriez l'embrasser ajouta-t-elle, car il est fort joli. — Je commencerai donc par la demoiselle », dit le Roi, et il embrassa l'une et l'autre froidement et d'un air contraint. Madame de Pompadour parlait de cette scène, le soir, les larmes aux yeux.

Elle dut se livrer à d'autres imaginations, se réduire à des ambitions moindres. M. de Richelieu se vantait d'avoir été sollicité par elle, au sujet de son fils unique, le duc de Fronsac, et d'avoir répondu, afin de couper court aux négociations, « qu'il était très sensible à son choix, mais que son fils avait l'honneur d'appartenir aux princes de la maison de Lorraine par sa mère, et qu'il était obligé de leur demander leur agrément ». Une alliance non moins brillante apportait à madame de Pompadour une compensation aux impertinences polies du maréchal : le duc de Chaulnes, qui était fort de ses amis, lui promettait son fils. Alexandrine devait épouser le duc de Pecquigny, dès qu'elle aurait ses douze ans.

Les mariages célébrés par avance étaient fréquents dans l'ancienne noblesse française, et personne ne s'étonnait de voir une petite mariée rentrer au couvent le soir de ses noces. Il était entendu qu'Alexandrine attendrait, à l'Assomption, l'âge convenable à la consommation du mariage et le moment où son jeune mari serait pourvu d'une des belles charges sur lesquelles il pouvait compter. De toute façon, et même si la charge tardait un peu, mademoiselle d'Étioles allait devenir duchesse, et fortifier encore la situation de sa mère à la Cour. Par l'entrée de sa fille dans la maison de Chaulnes et de Luynes, une des plus considérables du royaume, la marquise se voyait enfin étayée de ces alliances et de cette parité du sang, qui sont, dans les monarchies telles que la France d'alors, le véritable soutien des personnes.

Alexandrine avait dix ans, quand madame

de Pompadour crut pouvoir jouir de cette sécurité maternelle. L'enfant cessait d'embellir et la mère ne s'en attristait point : « Je trouve, écrivait-elle, qu'elle enlaidit beaucoup; pourvu qu'elle ne soit pas choquante, je serai satisfaite, car je suis très éloignée de lui désirer une figure transcendante. Cela ne sert qu'à vous faire des ennemis de tout le sexe féminin, ce qui, avec les amis desdites femmes, fait les deux tiers du monde. » Mais les espérances si près d'être réalisées s'évanouissaient dans une catastrophe. Après une très courte maladie, qui n'avait pas paru sérieuse, Alexandrine était prise de convulsions et mourait brusquement, le 15 juin 1754. Les médecins du Roi arrivés trop tard à l'Assomption, faisaient l'ouverture du corps ainsi que pour une princesse, mais surtout parce que le mal n'était pas bien défini et qu'on avait, comme toujours, parlé de poison. On portait l'enfant en grande solennité au somptueux caveau de l'église des Capucins de la place Vendôme, dans la partie de la chapelle des Créqui, que le duc de la Trémoïlle avait cédée à madame de Pompadour et où reposait déjà madame Poisson.

Tous ces honneurs demeuraient indifférents

à la mère, qui, recevant la nouvelle à Bellevue en un moment critique, tombait malade assez gravement pour inquiéter un instant son entourage. Le Roi multipliait ses visites auprès de son inconsolable amie. On préparait précisément une fête à Bellevue, à l'occasion de trois de ces mariages de famille que la marquise se plaisait à conclure et pour lesquels le Roi signait au contrat avec elle. Le duc de Luynes raconte le désarroi jeté dans tous ces projets : « Il devait y avoir, mercredi 19, à Bellevue, trois mariages : celui des deux filles de M. de Baschi, dont l'aînée a treize ans et qui épouse M. de Lujac ; la cadette en a douze et épouse M. d'Avaray ; le troisième mariage est celui de mademoiselle de Quitry, qui épouse M. d'Amblimont. Les deux filles de M. de Baschi devaient être mises dans le couvent immédiatement au sortir de la noce. » Mademoiselle de Chaumont-Quitry n'avait qu'une petite parenté avec madame de Pompadour, par sa mère qui tenait aux Le Normant ; mais les demoiselles de Baschi étaient ses propres nièces, et c'est à elle que revenait le rôle maternel dans la cérémonie. Le mariage des deux enfants était renvoyé de dix jours et célébré à la paroisse de Versailles, madame d'Estrades remplaçant madame de Pompadour. Toute la noce, au sortir de l'église, allait à Bellevue; la marquise devait faire violence à sa douleur, donner à dîner, embrasser ces petites mariées de couvent, pareilles à celle qu'elle avait rêvé de parer de ses mains et de fêter en son château.

Ce deuil, qui l'atteignait si profondément dans sa tendresse et dans son orgueil, permit aux courtisans de mesurer sa force d'âme et son désir de complaire au maître. Six semaines après la mort d'Alexandrine, la Cour étant à Compiègne, M. de Croÿ s'informa en arrivant du jour où « il y avait toilette » et s'y rendit : « Les ambassadeurs y vinrent, raconte-t-il. J'y vis pour la première fois la marquise depuis la perte de sa fille, coup affreux, dont je la croyais écrasée. Mais, comme trop de douleur aurait fait trop de tort à sa figure *et peut-être à sa place*, je ne la trouvai ni changée ni abattue, et, par un des miracles de cour qui sont fréquents de cette sorte, je ne la trouvai ni plus mal, ni affectant l'air plus sérieux. Cependant elle avait été rudement frappée, et elle était vraisemblablement aussi malheureuse intérieurement qu'elle paraissait heureuse extérieurement. » Le soir, la marquise a beaucoup de monde à sa table; elle y défend avec sa vivacité ordinaire le projet de cette belle place Louis XV, qui se fait à l'entrée de Paris, devant le jardin des Tuileries, et où sera placé le bronze équestre de Bouchardon. Après le souper, on annonce le Roi; il fait asseoir tout le monde en cercle, cause gaiement avec les dames et badine à demi-voix avec madame de Pompadour. Personne, à la voir seulement, ne pourrait se douter du désastre récent qui a déchiré son cœur de mère.

Un second deuil, survenu presque en même temps, avait frappé la marquise déjà si atteinte. Dix jours après la petite Alexandrine, était mort le grand-père, malade dès longtemps d'une hydropisie devenue dangereuse depuis le mois de mars. D'après ce que nous savons de l'extraordinaire tendresse de François Poisson pour la gracieuse enfant, on peut supposer que ce coup inopiné avait hâté la fin du vieillard.

Il ne resta à madame de Pompadour, de sa parenté intime, que le frère sur lequel elle reporta la meilleure part de tous ces sentiments d'affection et de protection dont elle avait été prodigue pour les siens. Quelques mois après la mort du seigneur de Marigny, l'érection de la terre en marquisat fut réalisée, par lettres-patentes données à Fontainebleau, le 14 septembre 1754, et M. de Vandières, devenu marquis de Marigny, monta dans les carrosses du Roi. Il était déjà depuis plusieurs années en possession de sa charge, M. de Tournehem, dont il avait la survivance, étant mort le 19 décembre 1751.

C'était un garçon bien portant, aux traits réguliers, qui avait engraissé de trop bonne heure, ce qui lui donnait des allures gauches et un air lourd. On pouvait le croire épais d'esprit comme de corps ; mais ceux qui l'approchaient le jugeaient mieux. Intelligent autant qu'appliqué, il ne paraissait point infatué de sa place et cherchait plutôt à s'y faire accepter. Le Roi l'estimait, avait confiance en ses lumières, sachant qu'il étudiait avec conscience les affaires de son service. On avait profit à causer avec lui, et nul ne songeait à le moquer, malgré qu'il eût conservé beaucoup de ces façons bourgeoises, que sa sœur avait dépouillées entièrement. Il s'était fait, à la Cour et chez les artistes, des amis sincères ; il comptait aussi quelques ennemis que lui attiraient des accès de brusquerie assez étranges. Sa gêne naturelle était augmentée par le souvenir des origines fâcheuses de sa brillante carrière. Il en plaisantait quelquefois lui-même entre amis, après boire, ce qui ne laissait pas que d'embarrasser les convives, mais il eût souffert cruellement de se l'entendre rappeler et il semblait perpétuellement en garde contre le mépris.

Quelques traits de sa vie s'expliquent par cette blessure secrète. Il désolait la marquise par sa persistance dans le célibat. Elle avait à lui proposer d'excellents partis et les alliances les plus flatteuses, car une famille qui eût accueilli le jeune marquis n'aurait pas eu à regretter sa complaisance. Plusieurs tentatives échouèrent par l'obstination de ce « petit frère », docile à tous les conseils, sauf à ceux qui disposaient de son cœur. Lorsqu'il fut question de la fille de la princesse de Chimay, née Beauvau-Craon, les choses semblèrent s'arranger; la jeune fille était même sortie du couvent, quand tout fut rompu. Tant que sa sœur vécut, Marigny ne voulut plus entendre parler de mariage. Admis dans les Cabinets du Roi, recherché des plus grands seigneurs pour les avis qu'il pouvait donner et les services qu'il aimait à rendre, il préférait des sociétés moins relevées, où il se trouvait à l'aise. Il tenait un état de maison superbe à l'hôtel de la Surintendance; mais il se rapprochait, par ses goûts, du monde où avait vécu son père, et, de toutes les faiblesses de l'homme de cour, la vanité était celle qui le tourmentait le moins.

Élevé par la seule faveur à une importante place, qu'avaient eue, sous le nom de surintendants, les plus grands ministres de Louis XIV et qu'un duc d'Antin n'avait pas dédaigné de solliciter, le jeune directeur et ordonnateur général des Bâtiments du Roi sut se faire pardonner sa fortune. Il se montra mieux instruit des choses de son département que plusieurs de ses prédécesseurs. Comme il avait bien profité de son séjour en Italie, mûri son jugement et acquis des connaissances, il put recueillir, sans paraître trop inférieur à sa tâche, la succession de M. de Tournehem.

L'oncle de madame de Pompadour ne tenait pas de plus noble origine les honneurs qui avaient couronné sa carrière de financier. Elle avait récompensé en lui l'indulgent ami de sa jeunesse, le parent complaisant qui lui avait donné un mari nécessaire et avait su l'en débarrasser au bon moment. Le choix qu'elle fit faire au Roi pouvait être détestable; il tomba par bonheur sur un homme qui aimait les arts sincèrement et ne se contentait pas de jouer au Mécène. M. de Tournehem était mort regretté de tous, et particulièrement du monde difficile qu'il avait gouverné. Il avait, en peu d'années, rendu de sérieux services; on l'avait vu réformer les abus qui régnaient dans les commandes royales, introduire l'usage des concours et des jugements publics, rendre annuelle l'exposition du Salon du Louvre et faire choisir par les artistes eux-mêmes les œuvres dignes d'y figurer. Il avait créé l'École des Élèves protégés, destinée à préparer les pensionnaires qu'envoyait le Roi à l'Académie de France à Rome. C'était lui encore qui avait décidé de dresser l'inventaire de toutes les œuvres d'art conservées dans les châteaux royaux et ordonné, dès l'année 1750, l'exposition publique et gratuite, au Luxembourg, des principaux tableaux et dessins appartenant au Roi.

Toutes ces idées, que nous croyons volontiers plus modernes, ont pris naissance dans l'entourage de la marquise et ont été appliquées sous ses yeux. M. de Marigny, soutenu par elle et guidé par l'ami Cochin, n'eut qu'à continuer les entreprises de M. de Tournehem. On sait combien prospéra l'art français sous les deux hommes investis par Louis XV de la direction de ses Bâtiments. Mieux inspirée et plus compétente que lorsquelle choisissait des commandants d'armée, madame de Pompadour peut être excusée d'avoir élevé son oncle et son frère à cette haute fonction, et d'en avoir voulu faire comme une charge de famille.

CHAPITRE VI

L'AMITIÉ

L'abbé de Bernis écrivait de Versailles, le 20 janvier 1757, dans une lettre intime au comte de Stainville, qui sera le duc de Choiseul : « Notre amie ne peut plus scandaliser que les sots et les fripons. Il est de notoriété publique que l'amitié *depuis cinq ans* a pris la place de la galanterie. C'est une vraie cagoterie de remonter dans le passé, pour noircir l'innocence de la liaison actuelle. Elle est fondée sur la nécessité d'ouvrir son âme à une amie sûre et éprouvée, et qui, dans la division du ministère, est le seul point de réunion. » Il ne faut pas perdre de vue ce mot glissé dans la correspondance de deux hommes célèbres, qui furent sans doute, parmi les amis de la marquise, ceux qui la connurent le mieux. Il éclaire d'une lumière nécessaire toute la fin de la liaison royale.

La date qu'indique Bernis se vérifie exactement par la chronique de la Cour. C'est au début de 1752, c'est-à-dire six ans après l'entrée de madame de Pompadour à Versailles, qu'un sentiment plus calme, déjà préparé par une longue négligence, prend sans retour, chez Louis XV, la place de la passion. Toutefois, ce n'est que beaucoup plus tard qu'on s'aperçoit du changement essentiel survenu dans sa vie, et dont les premiers symptômes remontent au moins à 1750, l'année même de la brillante inauguration du château de Bellevue.

Longtemps les apparences laissent supposer le même état des choses. Quand Bernis parle de « notoriété publique », il croit les gens mieux informés et de moins bonne foi qu'ils ne sont. Quelques personnes des intérieurs savent à quoi s'en tenir sur « l'innocence » des relations du Roi et de la marquise, mais l'opinion prévenue est lente à se détromper. Bernis le reconnaît lui-même, dans ses Mémoires, sous la date de 1755 : « La liaison de madame de

Pompadour avec le Roi était pure et sans danger pour l'un ni pour l'autre ; il ne restait plus que le scandale à éviter. » Les partis qui tiraient profit du scandale refusèrent d'admettre cette métamorphose ou en nièrent la sincérité ; leur calomnie perpétua la réputation de la marquise ; leur jugement affermit le jugement général. Tout s'y prêta : la puissance incontestable qu'elle conservait dans sa situation équivoque, ses dépenses exagérées en des moments difficiles, la malveillance du public irrité. Cependant, la séparation s'était produite, et, si les contemporains purent ignorer l'instant exact, certains faits connus nous le font entrevoir.

Les motifs d'ordre intime, qui amenèrent le détachement du Roi, sont de ceux où le cœur peut ne point participer. La favorite ne ressemblait plus, à trente ans, à la brillante jeune femme qui avait, de sa seule grâce, éclipsé les plus belles ; quelques saisons du terrible surmenage de la Cour étaient venues à bout de charmes fragiles et d'une force, toute nerveuse, que le repos des champs ne renouvelait plus. Elle s'épuisait à cette conquête de chaque instant du maître exigeant et infatigable ; les voyages continuels, les veillées, les soupers, les remèdes excitants, et surtout ces accidents secrets et volontaires dont parlent à mi-voix les antichambres, avaient détruit sa santé, vieilli son corps, et flétri avant l'heure ses traits délicats. Quelquefois encore, les jours où la toux et la fièvre la laissaient en paix, et lorsque l'imprudente saignée rafraîchissait son teint, elle pouvait faire illusion à ses amis, mais non au seul homme qu'elle eût voulu tromper.

Quelque humiliée qu'elle fût, il lui fallait se résoudre et feindre la bonne grâce. Louis XV n'aimait plus, et le vif attachement, qui avait tant étonné, pouvait s'évanouir sans retour, comme on l'avait vu au moins une fois, avec madame de Mailly. Pour des raisons que la maîtresse soupçonnait trop bien, le Roi passait des mois entiers sans lui témoigner ses empressements. C'était une situation bien douteuse et dont madame de Pompadour n'aurait pu conjurer les périls, si elle ne s'y fût dès longtemps préparée.

Par goût, de son aimable nature, par une prévision instinctive, elle se faisait peu à peu l'amie du Roi. Compagne de tous ses instants, mêlée à toutes ses habitudes, l'aimant véritablement pour lui-même, elle lui était devenue nécessaire, non seulement parce qu'elle seule avait le secret de le distraire et de l'arracher à son ennui, mais aussi parce qu'il pouvait lui parler de ses moindres affaires, parce qu'elle connaissait à fond l'entourage, savait le tout de chacun et se montrait toujours d'esprit juste et de bon conseil. Le Roi n'était plus capable de se passer d'elle et prenait son avis, parfois en badinant, sur toutes choses. Au reste, elle sacrifiait ses convenances et son repos aux sentiments et aux plaisirs du maître. Elle fût allée jusqu'à la dévotion, si les idées de celui-ci avaient tourné de ce côté : « Son système, que j'avais entrevu depuis plusieurs années, remarquait M. de Croÿ, était de gagner l'esprit du Roi et, suivant à la lettre madame de Maintenon, de finir par être dévote avec lui. »

La marquise affectait de voir avec confiance se modifier son existence auprès du Roi. Elle annonçait à ses amis, avant même que rien fût certain, un arrangement, dont elle prétendait goûter vivement les charmes. C'était une façon de ménager ses vanités incorrigibles de jolie femme, tout en dissimulant les blessures de son cœur toujours épris. Dès l'hiver de 1751, M. d'Argenson note plusieurs propos qui lui sont apportés de Versailles : « La marquise jure ses grands dieux qu'il n'y a plus que de l'amitié entre le Roi et elle. Aussi se fait-elle faire pour Bellevue une statue que j'ai vue, où elle est représentée en déesse de l'Amitié. » Le marbre chaste de Pigalle remplace, sur son piédestal, une image plus passionnée, et l'on songe à la visite familière que va faire la reine Marie aux jardins de Bellevue et à sa conversation avec un jardinier de la marquise : « Comment se nomme ce bosquet ? dit-elle. — Madame, répond le bonhomme, on l'appelait auparavant le bosquet de l'Amour, et c'est à présent le bosquet de l'Amitié. » La Reine, qui sait comment passent les sentiments des hommes, ne peut s'empêcher de sourire.

Ce rôle nouveau, dont madame de Pompadour entend bien faire valoir toutes les prérogatives, va être joué par elle dans un nouveau décor. Elle quitte l'appartement qu'elle occupait au second étage de Versailles, nid brillant de ses amours, où le Roi met à sa place le duc et la duchesse d'Ayen ; elle descend au rez-de-chaussée, habité seulement par des princes de sang royal, et c'est précisément une partie de l'appartement des Toulouse et des Penthièvre qui lui est donnée.

Par une étrange rencontre, il se trouve qu'une maîtresse délaissée de Louis XIV fut logée en ce même lieu. Peut-être Louis XV connaissait-il trop bien l'histoire de son arrière-grand-père pour ignorer en quelle occasion cet honneur fut accordé à madame de Montespan ; c'était au moment même où le Grand Roi, ayant changé de conduite et épousé madame de Maintenon, marquait définitivement sa séparation d'avec l'autre marquise, depuis longtemps négligée. Plus informée ou moins aveuglée, madame de Pompadour se fût instruite de son sort, en cette installation triomphale, et eût hésité à la compter comme un nouveau succès. Le Roi, résolu déjà, sans doute, à renoncer un jour ou l'autre à sa liaison amoureuse, choisissait ainsi le dédommagement magnifique que l'amour disparu laisserait à l'amour-propre.

Le bruit que fit à la Cour ce changement indique l'importance qu'on y attacha. Ce fut le grand événement du mois de janvier 1750 ; et le duc de Luynes note avec soin dans son journal ce qui était dit autour de lui :

« Madame de Pompadour va loger où logent actuellement monsieur et madame de Penthièvre... On va faire des petits cabinets où le Roi ira souper, voilà le projet jusqu'à présent ; on n'en dit pas la raison, mais il n'est pas difficile d'en juger. Madame de Pompadour connaît le Roi : elle sait qu'il a de la religion, et que les réflexions qu'il fait, les sermons qu'il entend, peuvent lui donner des remords et des inquiétudes ; qu'il l'aime à la vérité de bonne foi, mais que tout cède à des réflexions sérieuses, d'autant plus *qu'il y a plus d'habitude que de tempérament*, et que, s'il lui arrivait de trouver dans sa famille une compagnie qui s'occupât avec douceur et gaieté de ce qui pourrait l'amuser, peut-être que, n'ayant pas une passion violente à vaincre, il ferait céder son goût présent à son devoir. Elle a remarqué le goût du Roi pour Mesdames ; le séjour de Madame Infante dans l'appartement de madame la comtesse de Toulouse a fait connaître encore davantage au Roi la facilité de faire usage de cet appartement, par un petit escalier dérobé qui avait été fait du temps de madame de Montespan ; c'est par cet escalier que le Roi descendait souvent chez Madame Infante, avec laquelle il avait de fréquentes conversations. Comme il est vraisemblable que Madame Sophie et Madame Louise ne seront pas longtemps sans revenir de Fontevrault, et que cela fera une augmentation de logements, il était aisé de prévoir que le Roi, qui a pris l'habitude de faire revenir, depuis environ quatre mois, Mesdames sans paniers chez lui après souper, et les jours de chasse dans ses Cabinets faire une espèce de retour de chasse, pourrait bien loger Madame [Henriette] et Madame Adélaïde dans cet appartement, et s'accoutumer à y descendre et même à y souper. Voilà précisément ce qu'elle a voulu éviter. »

Seule Madame Henriette s'était mise au travers du désir de la favorite. Elle voulait l'appartement pour elle : « Que la marquise, disait-elle, soit logée en haut ou en bas, le Roi mon père n'y ira pas moins ; il faut autant qu'il monte pour redescendre que de descendre pour remonter ; au lieu que moi, Dame de France, je ne puis loger en haut, dans les Cabinets. » Si l'on en croit les malveillants, la Reine a pris parti « pour la marquise et contre Mesdames..., étant fort jalouse du crédit de ses enfants ». Madame de Pompadour, qui a peut-être été inquiète, écrit bientôt à une amie, avec l'accent d'un triomphe contenu : « Le Roi m'a donné le logement de monsieur et madame de Penthièvre. Ils passent dans celui de madame la comtesse de Toulouse, qui en garde une petite partie pour venir voir le Roi les soirs. Ils sont tous très contents et moi aussi ; c'est par conséquent une chose agréable. Je ne pourrai y être qu'après Fontainebleau, parce qu'il faut l'accommoder. »

Les ouvrages d'accommodement, sur les plans de Gabriel, durèrent toute l'année 1750 et, malgré l'activité que déployèrent les Bâtiments du Roi, comme une partie de leurs menuisiers et de leurs sculpteurs étaient précisément à ce moment prêtés pour Bellevue, on ne put terminer que l'année suivante. Le vieux Tournehem, dont ce fut une des dernières occupations, ne ménageait rien pour donner satisfaction au Roi et à sa belle nièce. Mais l'argent commençait à manquer, même dans son service, et les entrepreneurs impayés, endettés, travaillaient difficilement. Pendant tout le voyage de Fontainebleau, la marquise s'inquiétait des retards, harcelait son oncle, dépêchait M. de Gontaut pour visiter les travaux et lui rendre compte du détail : Tournehem obtenait enfin que « l'impossible » fût fait, et tout était prêt le jour où revenait le Roi. C'était un émerveillement : la marquise entrait, presque en reine, dans cet appartement nouveau, où s'entassaient des meubles exquis, les soieries de Lyon et les tapisseries de Beauvais, où Verberckt avait sculpté ses plus riches panneaux, où Martin décorait de ses vernis, pour les audiences particulières, ce cabinet de laque rouge qui devait entendre tant de secrets d'État et voir résoudre, en de graves rendez-vous, les plus grandes affaires du royaume.

Désormais, les relations de madame de Pompadour avec la Famille royale deviennent de plus en plus aisées et cordiales. Bien loin de se réserver le Roi, de le « chambrer », comme elle faisait autrefois, elle le réunit volontiers à ses enfants ; elle travaille ainsi à se concilier leur influence prochaine et durable. La sincérité de son amour pour le Roi lui permet, d'ailleurs, de partager ses affections. Elle narre avec émotion, dans une lettre d'octobre 1750, le retour des Petites Mesdames, de Fontevrault : « Mesdames Sophie et Louise sont arrivées hier ici [à Fontainebleau]. Le Roi a été au-devant d'elles avec M. le Dauphin et Madame Victoire ; j'ai eu l'honneur de la suivre. En vérité, rien n'est plus touchant que ces entrevues. La tendresse du Roi pour ses enfants est incroyable et ils y répondent de tout leur cœur. Madame Sophie est presque aussi grande que moi, très bonne, grasse, une belle gorge, bien faite, la peau belle, les yeux aussi, ressemblant au Roi de profil comme deux gouttes d'eau ; en face, pas à beaucoup près autant, parce qu'elle a la bouche désagréable ; en tout, c'est une belle princesse. Madame Louise est grande comme rien, point formée, les traits plutôt mal que bien, avec cela une physionomie fine qui plaît beaucoup plus que si elle était belle. Nous avons tous été présentés aujourd'hui. »

Les événements de la Famille royale, les grossesses, les naissances, les maladies, touchent la marquise comme s'il s'agissait des siens : « Nous allons vendredi à Compiègne pour six semaines, écrit-elle en juin 1751 ; nous laissons là Madame la Dauphine en très bonne santé et un enfant très remuant, Dieu veuille qu'il arrive à bien et garçon. Je vous assure, et vous le croirez sans peine, que je sèche de ne voir que des filles. Celle que nous avons se porte bien à présent, mais elle nous aurait fait mourir, si c'eût été un garçon. » Lorsque naît ce duc de Bourgogne tant désiré, écoutons encore ce récit : « Vous pouvez juger de ma joie par mon attachement pour le Roi. J'en ai été si saisie, que je me suis évanouie dans l'antichambre de Madame la Dauphine. Heureusement on m'a poussée derrière un rideau, et je n'ai eu de témoins que madame de Villars et madame d'Estrades. Madame la Dauphine se porte à ravir, M. le duc de Bourgogne aussi. Je l'ai vu hier ; il a les yeux de son grand-père, ce n'est pas maladroit à lui. » La marquise part aussitôt pour Crécy, avec le Roi, marier les filles dans ses villages, pour fêter la joyeuse naissance du petit prince.

Il n'y a rien, dans ces effusions, qui ne soit parfaitement naturel. C'est sur un ton semblable qu'en de pareilles circonstances s'émeut tout ce qui approche le Roi ; à plus forte raison doit-on le rencontrer chez une femme, qui n'est pas loin de se considérer comme de la famille. Dans les petits voyages, elle est attentive maintenant à mettre toujours auprès du Roi quelqu'une de Mesdames. Il ne tiendrait qu'à la Reine d'y prendre part; mais elle est devenue très casanière et a perdu le goût de ces déplacements, d'où, pendant un temps, elle a beaucoup souffert d'être exclue. Elle y paraît cependant quelquefois, et c'est une occasion pour elle de voir ses enfants davantage, avec une liberté que les usages de Versailles ne comportent pas.

M. de Croÿ notera ces changements et dira plus d'une fois combien la vie est devenue plus facile pour tous. A Choisy, par exemple, il remarquera l'attitude du Dauphin : « Au lieu de traiter durement, comme à l'ordinaire, madame de Pompadour, il l'accueillit très gracieusement, ce voyage-là... Le lendemain, Mesdames toutes cinq, et huit de leurs dames, arrivèrent pour dîner à Choisy, et y couchèrent. La marquise, y ayant ainsi attiré depuis deux ans la Famille royale et les gagnant par beaucoup d'attentions et de respects, avait tâché de gagner leur confiance et était bien avec eux tous, et même fort bien avec la Reine, de sorte qu'il ne manquait rien à sa gloire et à son crédit dans son espèce. Elle était là, à Choisy, à cinq lieues d'Étioles, où elle avait été longtemps à ne pas devoir espérer de jouer un tel rôle. »

Un peu plus tard, un voyage à la Muette, où le souper fut des plus brillants, avec toutes les dames de Mesdames à la table du Roi, sera le sujet d'un piquant tableau : « M. le Dauphin y était; Mesdames y vinrent, et je vis très bien toute la Famille royale tout ce jour-là. Elle venait à tous les voyages, depuis que la marquise les y avait mis, et le soir, comme elle sortit de table pour une migraine, je les vis tous, l'un après l'autre, venir lui demander avec empressement de ses nouvelles. Aussi les faisait-elle bien traiter par le Roi, et se conduisait-elle de manière que toute la Famille royale, sans en excepter la Reine, en paraissait fort contente. » Les courtisans trouvaient à ces arrangements « une aisance infinie » ; madame de Pompadour en tirait une sécurité plus grande, et se croyait pardonnée de ces enfants à qui elle se flattait de ramener leur père.

L'année 1751 vit les changements décisifs qui transformèrent le fond même de la vie royale. Quelque tranquillité qu'elle affectât, grâce à sa parfaite maîtrise d'elle-même, la marquise n'accepta pas sans de grandes inquiétudes les avantages et les risques de l'amitié pure. L'amour et l'ambition, si singulièrement mêlés dans son âme, s'y livrèrent des combats ignorés, car elle dut songer bien des fois que sa situation, consolidée seulement en apparence, aurait tout à craindre des rivalités probables que les passions du Roi pouvaient lui ménager. Mais les événements décidèrent de sa destinée, et Louis XV subit alors une crise religieuse qui ne fut pas étrangère à sa détermination.

Il y eut, cette année-là, le jubilé, temps où les fidèles puisent plus largement au trésor des grâces spirituelles, en échange de la contrition, de la pénitence et de l'usage des sacrements ; c'est alors que les grands pécheurs, les chrétiens qui ont attristé leurs frères par le mauvais exemple public, sont appelés spécialement à la réparation. Le Roi voudrait-il être du nombre des réconciliés, et gagnerait-il son jubilé? Ce fut une sérieuse question qui préoccupa les esprits.

Les choses de la religion avaient conservé à la Cour leur importance ; les ministres de l'Église s'opposaient constamment à la corruption des mœurs et dénonçaient la contradiction qui s'établissait trop souvent entre le secret des âmes et les pratiques extérieures toujours observées. Le P. Griffet, jésuite, prêcha à la Cour, pendant le carême qui précéda l'ouverture du jubilé, et retrouva, pour tonner contre les vices à la mode, les accents du P. Bourdaloue. On remarquait l'assiduité du Roi à ces sermons, qui avaient lieu deux fois par semaine : pour n'en point manquer, il avait changé les jours de chasse ; il ne découchait même plus de Versailles, et ne se permettait que de rares dîners-soupers à la Muette ou à Bellevue.

Les âmes pieuses, qui étaient nombreuses dans la Famille royale, se réjouissaient d'avance, et les Jésuites, déjà fiers de cette conversion illustre préparée par l'éloquence d'un des leurs, faisaient dire des messes quotidiennes dans leurs trois maisons de Paris, pour achever l'œuvre. L'opinion sur ce point était avec eux, ainsi que d'Argenson en convient : « Certes la dévotion du Roi rendrait la Cour plus triste, mais cela profiterait beaucoup au bien public, car les dévots sont économes, et l'économie pourrait seule aujourd'hui sauver le royaume. »

La marquise se trouvait dans une incertitude cruelle. Elle annonçait qu'elle gagnerait son jubilé, s'il le fallait, en même temps que le Roi, et que rien ne s'y opposait, puisqu'il n'existait plus entre eux que de l'amitié. La question cependant n'était pas aussi simple. Leur liaison, quoique transformée ou prête à l'être, n'en laissait pas moins subsister, aux yeux chrétiens, tout le scandale. Si le Roi se décidait à retourner à la régularité chrétienne, un confesseur peu accommodant pouvait exiger que la complice de l'adultère fût renvoyée publiquement, ainsi qu'elle avait été prise.

Madame de Pompadour, qui tirait toute sa morale des conversations des philosophes, jugeait intolérable l'intransigeance de ces gens d'Église; elle ne comprenait pas qu'on vît dans sa présence un obstacle au salut du Roi et un médiocre exemple pour les mœurs de la nation. Le sermon classique du P. Griffet sur le thème de l'adultère lui semblait l'inconvenante sortie d'un religieux échauffé; et la doctrine de la sainteté du mariage ne représentait à ses yeux qu'une de ces mômeries de fanatiques, dont on s'était toujours moqué autour d'elle. Elle ne professait aucune hostilité contre les Jésuites, qu'elle croyait respectueux envers le Roi, alors qu'elle s'irritait de l'opposition parlementaire, presque entièrement janséniste. Elle avait eu, ainsi que son père, des relations cordiales avec le P. de la Tour, l'ami de Voltaire. Ne fût-ce que pour plaire à la Reine, qui aimait beaucoup les Pères, elle leur avait fait faire des avances, dès ses premières années de séjour à Versailles ; Bernis, qui en témoigne, se porte garant qu'elles furent toujours repoussées. La marquise cherchait à présent, sans y réussir, le moyen d'apaiser ces hommes intraitables, qui semblaient tenir en leurs mains la conscience royale.

Le Roi était assailli de tous côtes. S'il ne tenait plus à ce qui d'abord l'avait attaché à la marquise, elle lui restait assez agréable pour qu'il fît difficulté à se séparer d'elle. C'est évidemment de cette époque que datent les premières consultations qu'il demanda en Sorbonne et jusqu'à Rome, et dont il parla, peu de temps après, à M. de Bernis. Celui-ci, revenu de son ambassade à Venise, inspirait confiance à Louis XV par la discrétion de son caractère et son attachement de gentilhomme ; nous savons par lui ce que fut l'action des confesseurs : « Ses confesseurs jésuites, dit-il, qu'on accuse de morale relâchée, n'admettaient aucun tempérament ; ils ne croyaient pas que le scandale pût être réparé autrement que par l'éloignement de la marquise. Si quelques-uns de leurs ennemis lisaient ceci, ils ne manqueraient pas d'expliquer ce rigorisme par la certitude que ces Pères avaient d'être protégés par M. le Dauphin, protection plus sûre et plus honorable pour eux que celle d'une favorite. Quoi qu'il en soit, il est certain que, s'ils avaient été plus relâchés, ils pouvaient avec adresse conserver M. le Dauphin et se ménager la marquise. » Celle-ci vit bientôt qu'il n'y avait rien à obtenir d'eux. Ce qui pouvait lui arriver de plus heureux, si le Roi voulait gagner son jubilé, était qu'il consentît à l'éloigner pour un temps, sauf à reprendre avec elle, plus tard, des rapports d'amitié clairement établis aux yeux du public ; mais cela même était fort grave, car, avec le caractère du Roi, qui partait courait le risque de n'être jamais rappelé.

On suit, sur le visage de madame de Pompadour, les progrès de l'anxiété qui la ronge ; elle est malade, dit-on, de la « fièvre de jubilé ». Le ministre Machault étudie avec elle des subterfuges, pour empêcher le Roi de participer aux exercices. Elle voudrait arranger un voyage en Provence, qui conviendrait fort à son dessein. L'envoyé du roi de Prusse raconte ses expédients, pour divertir son maître: « Elle trouvera le moyen que la publication du jubilé ne se fasse point par tout le royaume en même temps, mais seulement par diocèses, afin que, lorsqu'il se fera à Paris et à Versailles, le roi de France soit à Compiègne, où il n'aura point encore été publié, et que, lorsqu'il le sera dans ce dernier endroit, le roi de France se trouve être de retour à Versailles, où le jubilé aura déjà été fait. »

On croirait, à ces récits, que la favorite ignore à la fois les règlements ecclésiastiques et les dispositions du Roi. Bernis est ici un témoin important : « Le Roi, écrira-t-il, a de la religion ; il n'a jamais voulu suivre, pour sa conduite chrétienne, que les avis les plus sévères : il a mieux aimé s'abstenir des sacrements que de les profaner. C'est une justice que j'ai été à portée, plus que personne, de lui rendre. Son goût pour les femmes l'a emporté sur son amour pour la religion; mais il n'a jamais étouffé le respect dont il est pénétré pour elle. » L'hypocrisie religieuse est un jeu de « philosophes », non de croyants. Voltaire est homme à faire ses Pâques; son élève d'Étioles est disposée à se livrer à la dévotion, par intérêt, et déjà ses jolies mains tiennent correctement, aux grands offices, son livre d'heures décoré par Boucher. Toutefois, comme l'intelligence seule n'y suffit pas, elle ne saurait comprendre les troubles de conscience du Roi. Même avili par les passions, l'honneur et la loyauté religieuse l'eussent gardé de se prêter aux équivoques arrangements de la marquise.

Louis XV est, d'ailleurs, plus préoccupé du scandale qu'il donne que du danger que court son âme, car il se croit certain de son salut. Il fit un jour l'aveu à M. de Choiseul d'une étrange tradition mal comprise, inculquée à son enfance : il se figurait que les mérites de Saint-Louis s'étendaient sur tous ses descendants, et que nul des rois de la race ne pouvait être damné, pourvu qu'il ne se permît ni injustice envers ses sujets, ni dureté envers les petites gens.

Tandis que les perplexités du jubilé durent encore, survient un événement qui ne doit pas laisser le Roi indifférent. Madame de Mailly, qui l'a tant et si longtemps aimé, meurt à Paris, dans la retraite pénitente où elle vivait depuis sa disgrâce. Elle est restée pauvre et a payé toutes ses dettes sur ses épargnes, sans jamais rien demander à celui dont elle n'a voulu que le cœur. Pour achever de s'humilier, elle a désiré être enterrée avec la croix de bois des indigents. Tout le monde est frappé du contraste offert par la maîtresse du jour, brillante, dépensière, enivrée de vanité et d'adulations ; on suppose que la fin de madame de Mailly inspirera au Roi des réflexions salutaires. Il semble qu'il soit ému, en effet, mais surtout du souvenir des années lointaines, et plus encore de ce que l'âge de la défunte était le sien et que la mort atteint aussi les rois.

Madame de Pompadour écrit à une amie : « La mort de madame de Mailly a fait de la peine au Roi ; j'en suis fâchée aussi ; je l'ai toujours plainte, elle était malheureuse. Elle fait le petit Vintimille son légataire. » L'intérêt de la marquise est de distraire le Roi de cette peine, comme de ses scrupules religieux. Elle multiplie les dissipations et les affaires, les comédies à Bellevue, les projets de mariages à la Cour. On va passer six jours à Crécy, où les tables de jeu sont dressées du matin au soir et où l'on perd beaucoup d'argent. Il y a des « voyages » à Marly, à Choisy, à Compiègne, à Trianon, où se construisent des serres immenses et un délicieux pavillon pour aller dîner. « Ne nous en plaignons pas, note un observateur ironique ; louons-les, ces voyages, au contraire. Rien de si utile à la santé du Roi que ces déplacements, sans quoi la bile et l'humeur le rendraient malade ; madame de Pompadour est le premier médecin du Roi et y veille, mais mauvais médecin de la bourse. »

Elle ne veille pas seulement aux plaisirs du Roi ; elle commence à se mêler aux préoccupations plus hautes de son métier de monarque. C'est le temps où elle se fait initier à la politique générale du royaume ; c'est aussi celui où elle étudie avec le plus d'ardeur la transformation et les embellissements de Paris, et cet établissement définitif de l'École militaire, dont l'organisation, longuement préparée par elle entre le Roi et Pâris-Duverney, doit être une des gloires du règne.

La dévorante activité de la marquise sert son plus cher désir. Les jours dangereux s'achèvent, et le temps du jubilé passe. Les stations ont été extrêmement suivies dans la Capitale ; on n'a jamais admiré un concours aussi édifiant de carrosses à Notre-Dame, et un aussi grand nombre de dames de la Cour en dévotion. Barbier croit que « l'intérieur » n'est pas toujours sincère : « Il semblerait qu'il y aurait une affectation de tous les gens de qualité dans ce jubilé, par rapport à la circonstance où se trouve le maître. » Quoi qu'il en soit, le Roi n'y a pris aucune part ; les dévots sont consternés. La clôture est célébrée solennellement à Notre-Dame, par l'archevêque de Paris, Christophe de Beaumont, le 29 décembre. Madame de Pompadour est enfin hors de souci. C'est le cœur tranquille qu'elle offre au Roi une grande fête à Bellevue, en l'honneur de la naissance de son premier petit-fils, le duc de Bourgogne. Le merveilleux feu d'artifice qu'elle fait tirer sur sa terrasse, et qu'on voit de Paris, semble insulter à la misère générale, à la cherté du pain, à la difficulté de vivre. Peu lui importe que le Roi, allant à Paris avec la Reine pour rendre grâces à Notre-Dame, ne soit point acclamé par ses sujets. Ce caprice des Parisiens, qu'elle croit tout passager, compte pour peu de chose auprès du péril qu'elle a couru. De ses grandes craintes, il lui reste surtout une rancune, destinée à grandir, contre les Jésuites.

A ce ressentiment, qui aura un jour des

conséquences politiques, nous devons la plus curieuse des confidences. Dans une note secrète, écrite pour le Pape, où la marquise justifiera plus tard sa conduite et cherchera à attribuer aux Jésuites la responsabilité des derniers dérèglements de Louis XV, elle traitera elle-même le délicat sujet de ses rapports avec le Roi, fixera les dates et indiquera les nuances. On y remarque l'insistance de cette grande coquette à prétendre que c'est elle qui a pris l'initiative de la séparation ; même auprès du Saint-Père, à qui ce détail importe peu, elle veut sauvegarder sa vanité :

« Au commencement de 1752, déterminée, par des motifs dont il est inutile de rendre compte, *à ne conserver pour le Roi que les sentiments de la reconnaissance et de l'attachement le plus pur,* je le déclarai à Sa Majesté, en la suppliant de faire consulter les docteurs de Sorbonne, et d'écrire à son confesseur pour qu'il en consultât d'autres, afin de trouver les moyens de me laisser auprès de sa personne, puisqu'il le désirait, sans être exposée au soupçon *d'une faiblesse que je n'avais plus.* Le Roi, connaissant mon caractère, *sentit qu'il n'y avait pas de retour à espérer de ma part* et se prêta à ce que je désirais. Il fit consulter des docteurs, et écrivit au P. Pérusseau, lequel lui demanda *une séparation totale*. Le Roi lui répondit qu'il n'était nullement dans le cas d'y consentir ; que ce n'était pas pour lui qu'il désirait un arrangement qui ne laissât pas de soupçon au public, mais pour ma propre satisfaction ; que j'étais nécessaire au bonheur de sa vie, au bien de ses affaires ; que j'étais la seule qui osât lui dire la vérité si utile aux rois, etc. Le bon Père espéra dans ce moment qu'il se rendrait maître de l'esprit du Roi et répéta toujours la même chose. Les docteurs firent des réponses sur lesquelles il aurait été possible de s'arranger, si les Jésuites y avaient consenti... »

Il faut voir dans ce récit féminin l'habile développement d'une thèse partiale, où la couleur des faits anciens se trouve naturellement changée. Madame de Pompadour était peut-être de bonne foi, en les racontant de cette manière. Elle gardait de l'épreuve traversée une sourde terreur, dont elle redoutait toujours le retour. Pour la seconde fois, elle s'était heurtée à une puissance mal connue d'elle, l'Église, et dans un moment plus difficile qu'aux premiers jours de sa passion.

Les mois qui suivent le jubilé, où les impressions du Roi ont été si vives et si près de la conversion, les renouvellent plus fortement. Deux circonstances poignantes pour un cœur de père lui semblent un avertissement du Ciel. Le 10 février 1752, sa fille préférée, Madame Henriette, la plus intéressante après Madame Infante, celle avec qui il causait le plus volontiers, meurt à Versailles en quelques jours, enlevée par une fièvre putride ; les images de deuil, dont son esprit morose aime à se repaître, passent une fois de plus devant ses yeux ; et ce chagrin est à peine éloigné que le Dauphin, atteint de la petite vérole, donne à son tour de graves inquiétudes. Deux semaines s'écoulent au milieu des larmes et des prières anxieuses de la famille ; enfin, le prince, tendrement soigné par Marie-Josèphe, échappe à une mort attendue, qui déjà avait jeté dans le royaume l'émotion d'un désastre public.

Jamais on n'a vu le Roi si agité, la mine si sombre, la parole si rare. Mais, après de telles crises, il semble que chez lui le besoin de s'étourdir l'emporte. Au reste, le choix de conduite qu'il a fait, dans le temps décisif des conversions, doit donner ses fruits naturels. Les théologiens ont beau jeu à constater ici les suites communes de l'endurcissement volontaire et du refus d'obéissance à la Grâce. Les faits que dévoile à ce moment la chronique secrète de Versailles leur donnent raison. Dates et coïncidences permettent seules d'explorer les mystères de cette âme, que ne révèlent en rien les dehors majestueux ou charmants. La vérité est que le Roi est saisi plus violemment qu'il ne l'a encore été par la vie sensuelle, et qu'en peu de temps il roule à la véritable débauche, à l'abîme d'où l'on ne remonte guère.

La liaison du Roi avec la marquise donnait à sa conduite une certaine retenue ; mais la satiété, qui a rendu facile le détachement, lui a inspiré depuis longtemps d'autres recherches. La corruption de l'entourage et le dévouement intéressé des subalternes l'y ont servi. Il y a maintenant, au Château même, à côté de l'appartement de Lebel, un logement de deux pièces, où le premier valet de chambre amène de temps en temps, pour son maître, de petites beautés de Paris. Le nom qu'on donne à cet endroit fait entendre ce qui s'y passe ; c'est le « trébuchet ». Celles qui plaisent sont gardées quelque temps, dans une maison de Versailles, puis renvoyées avec une dot et mariées en province, pour faire souche d'honnêtes gens. Tout ce service est discret, ignoble et décent.

Le pavillon écarté, où le Roi se rend sans être reconnu, est situé dans le quartier du Parc-aux-Cerfs. Il est, à vrai dire, fort petit et ne peut abriter qu'une ou peut-être deux pensionnaires; si la vertu doit s'en indigner, il n'y a pourtant rien là qui soit monstrueux, ni même hors des habitudes de l'époque, sauf que le Roi, qui ne regarde pas à ses signatures, y dépense quelquefois plus qu'un financier. Mais tout ce qui touche aux personnes royales offre rapidement prétexte à la légende: ces basses joies de libertin seront, pour l'imagination populaire, des folies luxurieuses; la petite maison à un étage, où le Roi se glisse furtivement par une porte de jardin, deviendra l'affreux théâtre d'orgies dignes de Tibère, et la Révolution, dans ses pamphlets, brodant sur des récits vagues et des témoignages douteux, grossira à l'infini la liste des « victimes » et le budget de l'infamie.

La France est en droit de se plaindre qu'on gaspille sans gloire le temps, les forces, la lucidité d'esprit de son Roi. Mais cette nouvelle existence ne menace en rien la situation de la marquise. Le Roi a pris un genre de vie qui l'encanaille ; elle le sait, en souffre et s'en accommode. Elle a choisi seulement, auprès du maître, l'attitude la plus avisée, celle de ne point ignorer. Pour scabreux qu'il nous semble, son rôle reste fort loin de l'infâme intervention qu'on lui a prêtée. On a parlé de complaisances viles, où achevait de se souiller le dernier orgueil de la femme ; c'est même là le grief sans merci que lui font certaines gens, disposés par ailleurs à tout pardonner. Il faut donc dire une fois que les traditions authentiques, les seules qui comptent, ne permettent pas de l'accabler.

L'unique fait qui soit établi, et que raconte madame du Hausset, n'est point contre la marquise. Alors que, depuis longtemps, les amants d'autrefois ne sont plus que des amis, elle est venue en aide, sur la demande du Roi, à une jeune mère qui avait besoin de soins charitables et réclamait une garde-malade discrète et dévouée. Tout s'est traité devant la femme de chambre choisie pour cette mission. « Comment trouvez-vous mon rôle ? lui demande sa maîtresse. — D'une femme supérieure, répond l'autre, et d'une excellente amie. » Y eut-il d'autres circonstances où le Roi fit appel à cette amitié si rare? Rien ne le contredit ; rien non plus ne l'indique, sauf le besoin que semble avoir toujours eu Louis XV d'une oreille docile et d'un écho complaisant. Cet homme si secret ne pouvait se passer de se raconter à une femme ; il avait la manie « de débonder sa mémoire et son cœur » ; il lui fallait « des roseaux comme à Midas, pour aller dire ce qu'il ne pouvait taire » ; et ce que la bonne comtesse de Toulouse recevait de lui dans son jeune temps, il l'apportait maintenant, après ses quarante ans sonnés, à celle qui ne prétendait plus qu'à sa confiance.

La meilleure ressource qui restera à madame de Pompadour, contre les manœuvres qui cherchent à la supplanter, sera encore cette habitude du Roi. Sa nouvelle amie, madame de Mirepoix, lui disait : « C'est votre escalier que le Roi aime ; il est habitué à le monter et à le descendre. Mais, s'il trouvait une autre femme à qui il parlerait de sa chasse et de ses affaires, cela lui serait égal au bout de trois jours. » Les pensionnaires qui passeront au Parc-aux-Cerfs ne l'inquiètent point :

« C'est à son cœur que j'en veux ! s'écrie-t-elle. Toutes ces petites filles qui n'ont point d'éducation ne me l'enlèveront pas. Je ne serais pas aussi tranquille, si je voyais quelque jolie femme de la Cour ou de la Ville tenter sa conquête. »

Un instant, mademoiselle Murphy lui donna du souci ; l'intrigue se prolongeait, devenait publique, et il était certain que le goût du Roi pour cette ingénue dépassait la coutume. Au mois de mai 1753, M. de Croÿ notait assez naïvement, en les mettant à peu près au même rang, deux grandes nouvelles du jour. La première annonçait « la catastrophe du Parlement, qui était enfin parvenu à se faire exiler par tout le royaume », pour son refus d'obéissance ; l'autre se rapportait aux amours clandestines du Roi : « La jolie fille que l'on prétendait que le peintre Boucher (qui avait souvent de beaux modèles) avait, dit-on, procurée au Roi, prenait, à ce que l'on croyait, du crédit aux dépens de celui de la marquise, qui s'en apercevait et en avait été incommodée... On la disait en danger. Peut-être tout cela était-il bien peu certain, le vrai de pareilles nouvelles n'étant pas aisé à savoir. »

La folâtre Murphy n'était point faite pour remplacer la marquise; ses origines, son éducation, son caractère s'y opposaient. Mais des heures plus périlleuses ne tarderont pas à venir. Les cercles de la Cour qui ont toujours eu l'espoir de donner une favorite au Roi se remettent à intriguer. Il leur semble plus facile de renverser l'amie qu'autrefois la maîtresse. Madame d'Estrades, que l'ambition a piquée, qui veut être à son tour femme importante et avoir ses créatures, a lié partie avec le comte d'Argenson et prête secrètement à la haine du ministre les armes recueillies dans une longue intimité. On cherche à ébranler la confiance du Roi, en même temps qu'on réveille ses sens blasés. D'autres grandes dames vont apparaître en rivales redoutables, et c'est contre elles que devra lutter madame de Pompadour, pendant toute la fin de son existence. Pour maintenir sa situation et son autorité, et aussi pour garder une affection, qui est la raison même de sa vie, elle se défendra, en femme passionnée, sans pitié et sans scrupule.

Afin de livrer ces dernières batailles et d'être mieux assurée d'y triompher, il faut qu'elle soit l'égale des plus puissantes; aussi n'est-ce pas seulement par orgueil, et soif de vanités qu'augmentent l'âge, qu'elle a voulu et réclamé les honneurs de duchesse. L'année même où les liens sensuels ont été pour jamais détachés, cette satisfaction suprême lui sera accordée.

La Cour est allée à Fontainebleau se reposer des émotions causées par la maladie du Dauphin et recevoir Madame Infante, qui revient en France voir son père, à l'occasion du deuil de sa sœur. Madame de Pompadour a pris de ces inquiétudes et de ces agitations la part qu'on devine, sans perdre un instant de vue son grand projet. Le moment est venu de faire consacrer par le Roi sa fonction nouvelle. C'est l'amitié seule qu'elle invoque, pour garder dans son entourage la place qu'elle y occupe. Afin de rehausser le prestige de ce rôle, elle obtient la faveur qu'il ne saurait refuser à la plus chère et à la plus indispensable des amies.

Le secrétaire d'État, comte de Saint-Florentin, apporte chez elle le brevet, en brève et noble forme, qui comble ses vœux :

« Aujourd'hui, 12 octobre 1752, le Roi étant à Fontainebleau, voulant donner des marques de considération particulière et de l'estime que Sa Majesté fait de la personne de la dame marquise de Pompadour, en lui accordant un rang qui la distingue des autres dames de la Cour, Sa Majesté veut qu'elle jouisse pendant sa vie des mêmes honneurs, rangs et préséances, et autres avantages dont les duchesses jouissent, m'ayant Sa Majesté commandé d'en expédier le présent brevet, qu'elle a pour témoignage de sa volonté signé de sa main et fait contresigner par moi conseiller secrétaire d'État et de ses commandements et finances, commandeur de ses ordres. »

En cette cour, que rien des caprices du Roi ne surprenait plus, il y eut cependant quelques malaises. De vieilles gens, qui n'étaient pas du secret de madame de Pompadour, s'étonnèrent de la hardiesse heureuse d'une femme dont le mari vivait à Paris, fermier général, et qui n'avait été d'abord qu'une favorite d'aventure. Le mardi 17, le bruit se répandit à Fontainebleau que la nouvelle duchesse prendrait son tabouret à six heures. « Ce tabouret, écrit le duc de Luynes, a été pris à six heures et un quart. Madame la princesse de Conti menait; mesdames d'Estrades et de Choiseul suivaient. » Le cérémonial a été le même que pour la présentation à la Cour ; madame de Pompadour est allée d'abord chez le Roi, puis chez la Reine, le Dauphin, la Dauphine et chez Mesdames. Le duc de Luynes n'insiste pas ; ce « tabouret », ces « honneurs du Louvre », attristent son âme et déconcertent son esprit de tradition. On prétend que le Dauphin, de fort méchante humeur ce jour-là, a répondu aux révérences par une grimace. Au reste, la chronique n'a recueilli aucun détail.

La fille du commis Poisson vient de s'élever d'un degré encore. Les notaires désormais la nomment dans leurs actes : « Très haute et très puissante Dame, duchesse marquise de Pompadour ». Duchesse à brevet, elle a droit aux mêmes distinctions que les femmes des ducs et pairs ; elle jouit de prérogatives que ne possèdent point toujours celles des grands officiers de la Couronne. Elle est assise au grand couvert du Roi, et chez la Reine, chez le Dauphin, chez les filles de France, à la toilette, aux audiences, cercles et dîners. Ce pliant, qui lui est apporté partout, devient un fauteuil chez les princesses du sang, qui lui doivent en outre de la reconduire. Elle couvre de la housse d'écarlate l'impériale de ses carrosses, admis à pénétrer dans la cour du Louvre et dans toutes les cours intérieures des maisons royales. C'est que le « tabouret » n'est pas une vaine gloriole de Versailles, mais la consécration la plus rare dont le roi de France puisse honorer les services d'une sujette et les mérites d'une grande dame.

Ainsi s'acheminait vers sa carrière politique celle qui avait su briller dans les situations les plus diverses, tirer parti des plus difficiles et se préparer aux plus grandes. Pendant douze ans encore, elle allait se maintenir à la Cour, se rendre nécessaire à tous, conserver, à force de volonté, la première place. On peut se demander si cette fortune extraordinaire, qui mit en ses mains le gouvernement de la France, apporta une pleine compensation à certains désenchantements secrets de la marquise. Certes, l'amitié du Roi ne lui manquera jamais, celle du moins que peut donner cette âme égoïste et singulière; les larmes dont il accompagnera son cercueil, montreront qu'il l'a sentie jusqu'à la fin le plus sûr et le plus fidèle des compagnons de sa vie. Mais les joies de l'amour partagé, la santé, la jeunesse avaient été courtes pour madame de Pompadour, et rien, au plus vif de ses triomphes, ne valut sans doute, à ses yeux, les enivrements de l'année de Fontenoy.

Les femmes pourraient nous dire si les plus hautes vanités satisfaites consolent de n'être plus aimées, alors qu'elles aiment encore. C'est un problème que les contemporains de la marquise n'ont pas songé à résoudre, et qui sans doute n'importe pas à l'histoire.

FIN

SOURCES

SOURCES

L'image de la marquise de Pompadour qui apparaît dans ce livre semblera quelque peu différente de celle qu'on est accoutumé de voir. Le récit de ses premières années à la Cour n'offre pourtant qu'une revision partielle des jugements portés sur elle; la revision complète sera faite un jour, et peut-être ne lui sera-t-elle point défavorable. Déjà, de la publication des *Mémoires et Lettres du Cardinal de Bernis*, Paris, 1878, et de la belle introduction de M. Frédéric Masson, s'est dégagée, pour la première fois, une juste idée des circonstances qui ont établi ce règne de femme. Les documents dont on va trouver la liste achèvent de nous renseigner.

On ne pourra, sans doute, étudier exactement la marquise dans son rôle politique que lorsqu'on possédera, par les papiers du duc de Choiseul, l'équivalent et le complément de ceux de Bernis; mais l'histoire de la maîtresse est possible aujourd'hui, d'après des renseignements sûrs, et c'est celle que j'essaye de présenter ici.

L'opinion de deux siècles a été sévère pour madame de Pompadour. On l'a jugée longtemps et on la juge encore d'après les seuls témoignages de ses ennemis. Il est peu de

Mémoires, par exemple, plus lus et plus cités que ceux du marquis d'Argenson; cet ancien ministre enragé de sa disgrâce, vivant éloigné de la Cour et mal renseigné sur ce qui s'y passe, a rempli de ses anecdotes douteuses et de ses jugements aigris toute la chronique du XVIIIe siècle. La marquise se trouve parmi ses principales victimes, comme elle l'est de Soulavie et de bien d'autres. Il faut l'étudier maintenant, non plus d'après les pamphlétaires ou les moralistes, mais d'après les souvenirs, lettres et journaux de ceux qui l'ont vraiment connue, qui ont vécu dans son entourage et qui peuvent seuls nous apprendre les secrets de sa vie et la raison de son pouvoir.

La marquise a eu contre elle, à la fois, le parti qui ne pouvait lui pardonner la suppression de l'ordre des Jésuites, et les écrivains révolutionnaires pour qui le thème habituel des « débordements » de Louis XV prêtait aux plus avantageux développements. L'étude paisible des faits et des hommes réduit chaque jour une part de ces exagérations. A voir de près l'origine des accusations et à peser l'autorité des réquisitoires, on sent diminuer son indignation, et, sans vouloir le moins du monde réhabiliter des temps sans vertu, on est incliné à les expliquer plus qu'à les flétrir.

Parmi les légendes accumulées contre la marquise par l'acharnement des envieux, la rancune des gens de qualité et l'esprit de dénigrement des Français de tous les temps, il faut donner une large place à celles qui regardent sa famille. On a abaissé au plus bas degré les origines de madame d'Étioles; on a chargé outre mesure la mémoire, point irréprochable sans doute, de ses parents; d'autres ont cherché à déconsidérer la royauté en accentuant, dans le choix du prince, tout ce qui pouvait le rendre déshonorant. Ces questions, pour garder quelque intérêt, demandent à être ramenées à l'exactitude.

Il en est de même de la vie de la Cour, si curieuse à cette époque, mais où tant d'obscurités nous déconcertent, dont tant d'usages essentiels sont oubliés. C'est ici qu'on est heureux de pouvoir feuilleter les Mémoires, encore presque entièrement inédits, du duc de Croÿ (Bibliothèque de l'Institut), qui complètent et contrôlent si utilement le journal du duc de Luynes. Témoin impartial, fort bien renseigné sur les intérieurs royaux, le duc de Croÿ, alors prince de Croÿ, se trouve être, parmi les chroniqueurs, le seul à avoir vu ce dont tant d'autres ont parlé.

Les correspondances inédites du temps m'ont apporté un assez grand nombre d'indications neuves sur les faits et sur les caractères. Les lettres de Pâris-Duverney, de Pâris de Montmartel et du marquis de Breteuil, mentionnées au premier chapitre, sont entre mes mains. Les lettres de madame de Pompadour à Richelieu et à Voltaire, citées au chapitre IV, appartiennent à la collection Alfred Morrison. (Le billet adressé à Malesherbes figurait dans l'ancienne collection Chambry, vendue par Étienne Charavay ; le billet à Vandières sur Gresset, déjà mis au jour par V. de Beauvillé, manque également au recueil Poulet-Malassis.) Enfin, j'ai fait usage en plusieurs parties du livre de dix lettres inédites de Le Normant de Tournehem à François Poisson, et de soixante-quatre lettres, écrites par Poisson à son fils, de 1749 à 1751, et qui renferment des détails inattendus sur sa famille et sur la vie intime de sa fille.

Aux correspondances doivent se joindre les pièces d'archives demeurées inconnues aux précédents biographes. Dans un excellent article de la *Revue hebdomadaire* du 26 septembre 1903, M. Gailly de Taurines a fait connaître de nombreux papiers relatifs aux affaires des Poisson, recherchés par lui auprès des notaires de Paris et aux Archives nationales ; il a bien voulu me communiquer ses copies complètes, dont j'ai plus d'une fois tiré parti. Une autre source précieuse de renseignements, qui sera mieux utilisée ailleurs, est l'inventaire après décès des biens de la marquise. Il forme deux gros volumes provenant de M. de Marigny et appartenant aujourd'hui à M. Paul Leroi, à l'obligeance de qui je dois d'avoir pu les étudier. Cet inventaire fait connaître non seulement les objets d'art et le mobilier de madame de Pompadour, mais encore, par une analyse minutieuse, tous les titres de propriété et papiers de famille trouvés chez elle et faisant partie de sa succession. On devine aisément l'intérêt d'un pareil dossier pour une information précise.

Comme il est impossible de donner ici une liste des ouvrages à consulter sur madame de Pompadour, je renvoie pour la vieille bibliographie aux ouvrages des anciens biographes, notamment à ceux des Goncourt et de M. Émile Campardon. Le livre des Goncourt est de ceux qu'il y a plaisir à relire, bien qu'on doive être en garde contre leurs confusions de chronologie et leurs procédés de romanciers. On sait qu'ils ont accrédité bien des erreurs, même sur le point qu'ils connaissaient le mieux, l'influence de madame de Pompadour dans l'art français; mais il y aurait ingratitude à ne pas admirer ce qu'ils ont tiré de vérité historique du peu de renseignements dont ils disposaient.

Voici les principaux matériaux nouveaux utilisés dans mon récit. Les lettres du couvent de Poissy ont été publiées par M. Paul Fromageot dans la *Revue de l'histoire de Versailles* de 1902. Le contrat de mariage de mademoiselle Poisson a été découvert par M. le vicomte de Grouchy, qui l'a donné au *Bulletin de l'histoire de Paris* de 1890. Les notes du président du Rocheret sont imprimées par M. le duc de Caraman, dans son étude généalogique sur la *Famille de Madame de Pompadour*, Paris, 1901. En écartant quelques confusions de mémoire, j'ai cité, sur madame d'Étioles, les piquants souvenirs de la marquise de la Ferté-Imbault, réunis par M. Pierre de Ségur dans son livre, *Le Royaume de la rue Saint-Honoré*, Paris, 1897. Le mot de cour sur la « Bestiole » vient du *Pot-pourry* de Menin, analysé par M. Paul d'Estrée dans la revue *Souvenirs et Mémoires* de 1900. La nuit du bal de l'Hôtel de Ville est racontée d'après les *Mémoires* de Bernis, les *Souvenirs* si peu connus du marquis de Valfons, et un passage non remarqué de madame du Hausset.

Plusieurs observations nouvelles ont été tirées d'un recueil, trop peu lu par les historiens de la marquise, et qui n'est autre que la correspondance de Voltaire. Par exemple, la lettre contenant les vers sur César et Cléopâtre, citée en deux fois au chapitre I, est classée à tort par les éditeurs à l'année 1747 (n° 1440 de l'édition Bouchot); ces textes, qui restaient en partie incompréhensibles, sont devenus intéressants reportés à leur véritable date.

L'histoire intérieure de la Cour est aisée à suivre, année par année, Luynes, Bernis et Croÿ pouvant être interrogés avec confiance. Mais j'ai utilisé aussi, pour les événements de Fontenoy et le séjour de Choisy, les *Souvenirs du comte de Tressan*, réunis par son arrière-petit-neveu, Versailles, 1897; pour le mariage de Saxe, le livre du comte Vitzthum d'Eckstædt sur *Maurice, comte de Saxe, et Marie-Josèphe de Saxe*, Leipzig, 1867, celui du duc de Broglie sur *Maurice de Saxe et le marquis d'Argenson*, Paris, 1891, et surtout l'important ouvrage de M. Casimir Stryienski, *La mère des trois derniers Bourbons*, Paris, 1901; pour les caractères de la Cour, les *Souvenirs du marquis de Valfons*, Paris, 1860, les *Mémoires* de J.-N. Dufort, comte de Cheverny, introducteur des ambassadeurs, publiés par R. de Crèvecœur, Paris, 1886, *Les Correspondances des agents diplomatiques étrangers en France*, par J. Flammermont, Paris, 1896, les lettres citées par M. Henri Léonardon dans une étude sur le premier mariage du Dauphin, Versailles, 1900. Enfin, je dois à l'obligeante amitié de M. le duc de Fezensac le curieux témoignage sur les idées religieuses de Louis XV, tiré des papiers inédits de l'abbé de Montesquiou.

Pour l'état de l'opinion à Paris, j'ai consulté avec profit le tome II des *Lettres de M. de Marville, lieutenant général de police, au ministre Maurepas*, publiées par M. A. de Boislisle, Paris, 1903, et les lettres de Raynal, dans la *Correspondance littéraire* éditée par M. Tourneux. Pour la vie secrète du Roi, l'ouvrage si abondamment documenté du comte Fleury, *Louis XV intime et les petites maîtresses*, Paris, 1899, m'évite d'appuyer sur certains détails de mon sujet ; le lecteur informé notera aisément nos divergences. Sur les questions d'art et d'ameublement, je me suis servi du *Livre-Journal de Lazare Duvaux* et de l'introduction de Courajod, du *François Boucher* de M. André Michel, Paris, 1889, et du précieux *Inventaire des tableaux commandés et achetés par la Direction des Bâtiments du Roi (1709-1792)*, rédigé par M. Fernand Engerand, Paris, 1900; enfin, pour les intérieurs royaux et les travaux du service des Bâtiments, j'ai repris quelques indications dans un livre intitulé *Le Château de Versailles sous Louis XV*, Paris, 1898, où se trouve notamment identifié l'emplacement de l'appartement « d'en haut ».

Les principaux documents d'art se rapportant à la première partie de la vie de la marquise ont été reproduits dans l'édition originale de ce livre, donnée par la maison Goupil. On y trouvera aussi quelques indications de sources, qu'il a semblé inutile de mentionner à nouveau. Plusieurs questions à peine touchées ici, où elles ne pouvaient avoir une suffisante place, seront reprises dans un ouvrage spécial sur *Madame de Pompadour et les Arts*.

TABLE

CHAPITRE PREMIER

MADAME LE NORMANT D'ÉTIOLES

Le bal masqué de Versailles pour le mariage du Dauphin. — Dispositions nouvelles de Louis XV. — La nuit du bal de l'Hôtel de Ville. — La famille Poisson. — Éducation et mariage de madame Le Normant d'Étioles. — Sa vie à Paris et à Étioles. — Ses premiers séjours à Versailles. — Le valet de chambre Binet et l'évêque de Mirepoix. — La liaison du Roi et les espérances de Voltaire 1

CHAPITRE II

L'ANNÉE DE FONTENOY

Louis XV à l'armée de Flandre. — Victoire de Fontenoy. — L'été de madame de Pompadour à Étioles. — Le poème de Voltaire. — Le préceptorat de Bernis. — Brevet de marquise. — Retour du Roi. — Présentation de madame de Pompadour. — Voyage de Choisy. — Hostilité de la Famille royale et de la Cour contre la favorite. 71

CHAPITRE III

LA VIE A LA COUR

Le premier hiver à Versailles. — La favorite et la Reine. — Les soupers des Cabinets. — L'appartement « d'en haut ». — Les petits appartements et la vie intime du Roi. — Voyage de Crécy. — Mort de la Dauphine. — Le maréchal de Saxe et la marquise. — Second mariage du Dauphin. — Les rivales de madame de Pompadour. 132

CHAPITRE IV

LE TRIOMPHE DE LA MARQUISE

Le théâtre des Cabinets. — La troupe et le répertoire. — Succès nouveaux de madame de Pompadour. — Anoblissement de son père. — Sa puissance dans les intérieurs. — Son goût pour les gens de lettres. — Voltaire et Crébillon. — Tentatives du maréchal de Richelieu. — Paix d'Aix-la-Chapelle. — Chansons et libelles. — Exil de Maurepas 182

CHAPITRE V

LES VOYAGES, LES MAISONS, LA FAMILLE

Vie du Roi dans les petits châteaux. — Voyage de Normandie. — Les maisons de madame de Pompadour. — Construction et inauguration de Bellevue. — Dépenses exagérées de la marquise. — Ses relations avec la bourgeoisie et la finance. — Ses sentiments de famille. — Voyage de son frère en Italie. — François Poisson, seigneur de Marigny. — Alexandrine d'Étioles. — La direction générale des Bâtiments du Roi 244

CHAPITRE VI

L'AMITIÉ

Transformation des sentiments du Roi. — Le second appartement de la marquise. — Ses nouvelles relations avec la Famille royale. — L'an du Jubilé. — Crise religieuse de Louis XV. — Difficultés de la marquise avec les Jésuites. — Changement de conduite du Roi. — Le Parc-aux-Cerfs. — Le tabouret et les honneurs de duchesse 314

SOURCES 353

IMPRIMERIE CHAIX, RUE BERGÈRE, 20, PARIS. — 22600-10-02. — (Encre Lorilleux).

www.ingramcontent.com/pod-product-compliance
Ingram Content Group UK Ltd.
Pitfield, Milton Keynes, MK11 3LW, UK
UKHW020426200726
13857UKWH00002B/300